KB233415

화성남과 금성녀는

왜 경제기사를
다르게 읽을까

깊은나무는 책에 관한 아이디어와 원고를 설레는 마음으로 기다리고 있습니다. 책으로 만들고 싶은 아이디어가 있으신 분은 이메일(deeptreebook@naver.com)로 간단한 개요와 취지, 연락처 등을 보내주세요. 머뭇거리지 말고 문을 두드리세요. 길이 열릴 것입니다.

화성남과 금성녀는
왜 경제기사를 다르게 읽을까

초판 1쇄 인쇄 | 2013년 11월 1일
초판 1쇄 발행 | 2013년 11월 10일

지은이 | 김수희
펴낸이 | 박영욱 · 정희숙
펴낸곳 | 깊은나무

편집 | 임은희 · 이준호
마케팅 | 최석진 · 김태훈
표지 및 본문 디자인 | 서정희

주　소 | 서울시 마포구 서교동 468-2번지
이메일 | deeptreebook@naver.com
페이스북 | bookocean
전　화 | 편집문의 : 02-325-5352　　영업문의 : 02-322-6709
팩　스 | 02-3143-3964

출판신고번호 | 제2013-000006호

ISBN 978-89-98822-01-9 (13320)

*이 도서의 국립중앙도서관 출판시도서목록(CIP)은 e-CIP홈페이지(http://www.nl.go.kr/ecip)
　와 국가자료공동목록시스템(http://www.nl.go.kr/kolisnet)에서 이용하실 수 있습니다.
　(CIP제어번호 : 2013019409)

*이 책은 깊은나무가 저작권자와의 계약에 따라 발행한 것이므로 이 책의 내용의 일부 또는
　전부를 이용하려면 반드시 깊은나무의 서면 동의를 받아야 합니다.
*책값은 뒤표지에 있습니다.
*잘못 만들어진 책은 구입하신 서점에서 교환해 드립니다.

화성남과 금성녀는 왜 경제기사를 다르게 읽을까

김수희 지음

깊은나무

폴리슈머와 에코슈머를 아십니까

폴리슈머와 에코슈머, 최근 들어 신문과 방송 등 뉴스에서 많이 보고 들을 수 있는 단어다. 하지만 귀 기울여 듣지 않으면 그 뜻을 정확하게 알기란 쉽지 않다.

'폴리슈머(Polisumer)'란 '정책(Policy)'과 '소비자(Consumer)'를 합친 말이다. 무상교육, 무상보육 등 최근 들어 사람들이 가장 관심을 많이 가지고 있는 복지와 관련해 파생된 단어로, 복지의 사각지대에 놓여 있어 긴급한 정책이나 대안을 필요로 하는 새로운 계층을 가리킨다. 고령의 산모, 중년 치매 환자, 문화소외층, 싱글대디 등 다양한 계층을 상징하는 말이기도 하다. 그렇다면 에코슈머(Ecosumer)는 무엇일까. '에코슈머'란 폴리슈머보다 일찍 유행한 단어다. 생태학적으로 자연환경을 의미하는 '에콜로지(Ecology)'와 소비자를 의미하는 '컨슈머(consumer)'의 합성어로, 상품을 고를 때 환경을 적극적으로 고려하는 소비자들을 의미한다. 필자만 해도 주위에서 폴리슈머들을 쉽게 목격할 수 있으며, 한편으로는 나 자신이 에코슈머가 되기도 한다.

폴리슈머와 에코슈머는 단순히 '용어'로만 존재하는 것이 아니다. 실제로 정책을 좌지우지하기도 하며, 산업을 움직이는 주축이 되기도 한다. 특히 에코슈머의 경우 기업들이 제품을 생산할 때 고려하는 최우선 타깃(목표)이 되기도 한다. 경제 환경에 있어 빼놓고 생각할 수 없는 단어들이 된 것이다.

물론 경제 용어가 어렵게 느껴질 수도 있다. 하지만 중요한 것은 이 용어들이 적용되는 경제 영역이 우리 일상생활과 밀접하게 연관되어 있는 점이다. 우리는 '폴리슈머'와 '에코슈머'란 용어를 통해 최근 국가와 기업에서 주축으로 생각하고 있는 계층에 대해 되새겨볼 수 있다. 이렇듯 경제 용어는 우리가 영위하는 경제 생활과 유기적인 관계를 맺고 있는 경우가 많으며, 따라서 이를 공부하다 보면 실생활에 도움이 되는 지식을 풍부하게 습득할 수 있다.

만약 계절은 가을이 됐지만 계속되는 폭염으로 시민들의 옷은 여전히 노출이 심하고, 연일 아이스크림 매출만 늘어나고 있다면 누가 울고, 누가 웃게 될까? 그리고 이는 경제 개념이나 용어와 무슨 연관이 있을까?

　조금 더 어려운 이야기를 해보자. 경제 위기 이후 가계 살림은 매우 팍팍해졌다. 물가가 오르면 한국은행은 금리를 올리는 선택을 하게 된다. 한국은행이 금리를 올리면 높은 이율 때문에 대출을 받기 힘들어지면서 각 가정은 돈을 쓰지 않게 된다. 이로써 제품들에 대한 수요가 줄고 물건 값이 내려가게 된다. 물가를 잡겠다는 한국은행의 목표가 달성되는 순간이다. 이 때문에 한국은행은 시중 은행과 달리 '중앙은행'이라 불린다.

　우리나라 경제에서는 이처럼 다양한 상황이 발생하고 있다. 이러한 경제 상황을 시시각각 다루고 있는 것이 경제뉴스다. 필자는 경제뉴스를 쉽게 읽고, 제대로 이해하고자 하는 분들을 위해 이 책을 썼다. 또한 시시각각 변하는 경제시장을 볼 수 있는 눈을 기르는 데 도움을 드리고자 했다.

　이 책은 다른 경제 관련 서적과 달리 일상 속에서 무수히 부딪히는 경제 지식을 체감할 수 있도록, 가정을 꾸리고 살아가게 되는 한 남녀의 대화로 경제 이야기를 구성하였다. 이들의 대화는 곧 우리의 대화이며, 경제에 대한 이야기는 교수나 전문가들만의 이야기가 아닌 우리들의 이야기임을 말

하고 싶었다.

　각 장은 젊은 남녀가 만나 한 가정을 형성한 세대별로 구성했다. 연애시대(재미있는 경제기사 이야기)부터 실버시대(글로벌 경제이야기)까지, 우리 삶의 전반에 펼쳐져 있는 경제이야기와 경제뉴스에 대한 해석을 풀어내고자 했다. 이제 '경제는 어렵다' 는 고정관념을 깨자.

　끝으로 이 책이 완성되기까지 필자를 사랑하고 아끼는 많은 분들의 응원이 있었다. 그들에게 마지막으로 '사랑한다' 는 말을 전하고 싶다.

2013년 10월

김수희

 차 례

들어가는 글 4

Chapter 1 연애시대

(산업 · 트렌드) 재미있는 기사가 눈을 뜨게 해준다

01 패션업계 CEO는 걸어 다니는 브랜드? – 경제기사 속 인물 이해하기 15

02 드라마, 오락을 넘어 경제로 우뚝 – 경제기사를 보면 잘나가는 산업이 보인다 20

03 삼성이 휴대폰업계 2등이 될 줄 누가 알았을까 – 기업과 상품 25

04 한국거래소, 공공기관의 굴레를 쓰다? – 공기업이라고 다 같은 공기업이 아니다? 29

05 워런 버핏이 한국의 유한회사에 투자했다고? – 유한회사의 비밀 34

06 가전제품 슈퍼마켓이 상장을 한다고? – 상장사와 비상장사의 차이 39

07 홈플러스는 삼성 회사야? 테스코 회사야? – 외국계 기업, 어떤 형태로 존재할까 44

08 돈을 잘 버는 회사는 어떤 회사일까 – 매출액과 영업이익, 당기순이익의 관계 알기 48

09 농심, 너구리와 신라면으로 라면시장을 독점하다? – 독과점시장과 과점시장의 차이 53

Chapter 2 신혼시대

(금리와 물가&금융) 예금이자에 웃고 대출이자에 울고

01 돈이 돈을 번다. 금리란 무엇일까? – 금리의 의미와 역할 61

02 경기냐 물가냐 그것이 문제로다, 한국은행 딜레마에 빠지다 – 한국은행의 최우선

목표는 물가안정 65

03 시중금리는 어떻게 정해질까? – 시중금리 결정 과정 이해하기 71

04 변동금리와 고정금리, 내게 유리한 이자는? – 변동금리와 고정금리 구분하기 76

05 은행을 먹여 살리는 주택담보대출? – 주택담보대출의 기능과 관련 금리 구조 알기 81

06 CD금리 조작? 국내 은행들의 대형 스캔들 – 식물금리로 전락한 CD금리 86

07 못다 이룬 '메가뱅크(대형은행)'의 꿈 – 은행의 종류와 역사 1 91

08 'CB+IB=CIB'는 수학 공식? – 은행의 종류와 역사 2 97

09 어떤 은행에 돈을 넣어야 안전할까? – 국제결제은행(BIS) 자기자본비율과 88클럽 102

10 금융회사에도 형과 아우가 있다? – 제1금융권과 제2금융권 구분하기 106

Chapter 3 결혼시대

(저축과 보험, 재테크) 알고 보면 더 재미있는 금융상품

01 영국에선 변액보험, 미국에선 유니버설보험? – 투자형 보험 상품 알기 113

02 다이하드에 퇴직연금이 등장한 사연? – 퇴직연금 제도 118

03 자동차 보험료와 서민 물가 – 자동차보험 제도 123

04 세계 8대 불가사의? '복리'의 마술 – 복리 체계의 이해 127

05 주가로 돈을 벌 수 있다고? – ELS, ELD, ELW 등 지수 연동 상품 131

06 장마상품으로 집 마련? – 장마저축 · 장마펀드 등 비과세 금융상품 136

Chapter 4 양육시대

(주식과 펀드) 경제기사를 보면 좋은 주식이 보인다

01 주식이란 무엇일까 – 주식의 의미, 코스피와 코스닥 143

02 테마주와 가치주, 그 기로에서 – 주식의 종류와 용어 알기 149

03 주식 거래는 어떻게 이뤄지나 – 매수와 매도 등 주식 거래 관련 용어 알기 155

04 주식의 가치 어떻게 평가할까 – 주식 평가지표 알기 160

05 기업의 살림살이는 어떻게 이뤄질까 – 기업실적과 재무제표 이해하기 164

06 투자정보의 기본은 공시 – 기업 공시기사 이해 172

07 기업회계 기준이 완전히 바뀐다고? – 한국 채택 국제회계기준(K-IFRS) 177

08 가격을 미리 산다는 것은? – 선물과 옵션, 프로그램 매매 182

09 펀드와 랩어카운트, 그리고… – 펀드와 랩어카운트 간접투자 문화 읽기 187

10 헤지펀드, 실체가 없다? – 헤지펀드 이해하기 192

Chapter 5 중년시대

(부동산) 대한민국에서 태어난 이상 자유로울 수 없는 고민

01 중형차를 산 사람과 땅을 산 사람의 엇갈린 운명 – 개발 호재와 부동산 가격 197

02 임대 패러다임이 바뀐다? – 전세 vs 월세 임대 추이 201

03 집값 올리고 내리는 부동산 정책 – 부동산 시장과 금융규제 205

04 로또 아파트의 진실 – 반값아파트와 보금자리 주택 212

05 수십 년째 우리 땅값만 안 올라요 – 그린벨트와 부동산 가격 216

06 재건축의 기다림 – 재개발 · 재건축 아파트 221

Chapter 6 실버시대

(국제 경제) 더 큰 세상을 바라보자

01 중국 '쌍둥이 흑자'의 비밀? – 국제수지의 이해 229

02 러시아 모라토리엄, 이번엔 미국 디폴트? – 디폴트와 모라토리엄 232

03 국가의 목줄 쥔 신용평가사, 다궁의 습격? – 국가 신용등급 하향 조정과 그 효과 236

04 전 세계를 무너뜨린 미국발 금융위기 – 서브프라임 금융위기의 파장 241

05 뜨는 중국의 시대 – 팍스 아메리카나를 바꾼 팍스 시니카 247

06 FTA로 삼겹살을 싸게 먹을 수 있다고? – 자유무역협정(FTA) 효과 253

07 국제 금융거래에 로빈후드 세금이 있다고? – 투기자본 규제와 금융거래세(토빈세) 257

08 국제유가 상승이 한국 주유소에 미치는 영향은? – 국제유가가 경제에 미치는 영향 261

1

연애시대

_ 산업 · 트렌드

01 패션업계 CEO는 걸어 다니는 브랜드?
02 드라마, 오락을 넘어 경제로 우뚝
03 삼성이 휴대폰업계 2등이 될 줄 누가 알았을까
04 한국거래소, 공공기관의 굴레를 쓰다?
05 워런 버핏이 한국의 유한회사에 투자했다고?
06 가전제품 슈퍼마켓이 상장을 한다고?
07 홈플러스는 삼성 회사야? 테스코 회사야?
08 돈을 잘 버는 회사는 어떤 회사일까
09 농심, 너구리와 신라면으로 라면시장을 독점하다?

재미있는 기사가 눈을 뜨게 해준다

경제기사의 소재가 점점 다양해지고 있다. 패션부터 엔터테인먼트, 창업, 도시형 생활주택 등 다방면에 걸쳐 연일 다양한 시각의 경제기사가 보도되고 있다. 지금은 홍수처럼 쏟아지는 경제기사를 단순히 읽으며 흥미를 느끼는 단계에서 끝낼 때가 아니다. 경제가 급격하게 요동치고 있다. 그 기사가 의미하는 것이 무엇인지, 어떠한 경제적 사실을 이끌어낼 수 있는지, 나아가 나만의 재테크로 승화시킬 수 있는 방법이 무엇인지에 대한 고민이 필요한 시기다.

이번 장에서는 단순히 흥미와 관심을 가지는 데서 끝내기 쉬운 산업·트렌드 기사에서 어떤 경제적 상식과 의미들을 이끌어낼 수 있는지 살펴보자.

패션업계 CEO는
걸어 다니는 브랜드?

– 경제기사 속 인물 이해하기

현빈이 입은 옷 정말 멋지지 않아? 나도 저 옷 입으면 현빈처럼 보일라나?

절대 그럴 리 없거든. 그리고 현빈의 옷만 볼 것이 아니라 이 기사를 보면 우리나라의 패션 산업이 어떻게 움직이는지 트렌드를 알 수 있다는 사실도 아셔야지. 그나저나 현빈이 멋있기는 하네.

배우 현빈과 임수정이 베를린국제영화제에 참석하기 위
해 15일 베를린행 비행기에 몸을 실었다. 두 배우는 베
를린국제영화제의 레드카펫은 물론 인터뷰와 폐막식 등
다양한 프로그램을 소화할 예정이다. 현빈은 이번 영화
제에 참여하기 위해 신세계인터내셔널의 의상을 선택했
다. 반면 임수정은 제일모직의 헥사바이구호를 택했다.
두 배우가 서로 다른 브랜드를 선택하게 된 배경은 패
션 산업을 주도하고 있는 재벌가 3세의 경영 경쟁 구도
에서 그 맥락을 찾을 수 있다. 신세계의 정유경 부사장
은 아르마니, 돌체앤가바나, 센죤 등 명품부터 갭, 바나
나리퍼블릭 등 캐주얼까지 갖추고 있는 신세계인터내셔
널을 이끌고 있다. 삼성가 3세인 이서현 부사장이 주도
하고 있는 제일모직 역시 최근 공격 경영으로 두각을
나타내고 있다. 한국 패션의 글로벌화를 중요하게 생각
하고 있는 정 부사장과 이 부사장이 스타의 해외 활동
이라는 호재를 놓칠 리 없다는 것이 패션가의 분석이다.

이 기사를 읽고 현빈과 임수정이라는 스타에만 집중했다면 아직 경제기
사의 속내를 읽을 내공이 부족한 상태다. 이 책을 읽으며 경제기사의 시스
템에 대한 감을 익히는 데 주력하자.

이 기사는 언뜻 보면 스타들이 어떤 의상을 선택했는지를 중점적으로
다루는 패션계 기사로 보인다. 하지만 조금만 깊이 들여다보면 현재 패션

업계를 주도하고 있는 기업들이 어느 곳인지, 그 기업을 이끌어가고 있는 CEO가 누구인지, 또한 그 경영자들이 바로 '재벌 3세'라는 것을 파악하게 해주는 기사라는 것을 알 수 있다.

특히 CEO의 역할에 주목할 필요가 있다. CEO란 원래 최고 지휘관을 뜻하는 군사용어에서 비롯된 말이다. 차츰 미국 기업에서 최고 의사결정권 자를 뜻하는 의미로 사용되기 시작해, 지금은 회사를 대표해 업무에 관한 결정과 집행을 담당하는 대표이사의 역할을 하는 사람을 가리키는 용어로 쓰이고 있다.

CEO의 역할을 이해하는 것이 시작 단계다. 용어에 대한 이해가 끝났다면 인물에 대한 이해가 필요하다. 기사에서 소개된 패션업계를 이끌고 있는 두 CEO는 어떤 관계일까.

이서현 제일모직 부사장과 정유경 신세계 부사장은 재계 오너가의 여풍을 이끌고 있는 핵심축 인사다. 이서현 제일모직 부사장은 이재용 삼성전자 사장과 이부진 호텔신라 사장의 동생으로, 삼성그룹 내에서 패션사업을 새로운 수익사업으로 부상시킨 인물이다.

정유경 신세계 부사장은 이서현 부사장과 사촌지간이다. 이건희 회장의 동생인 이명희 신세계그룹 회장의 딸이며 정용진 신세계 부회장의 여동생 이기도 하다. 우리나라 패션업계를 이끌어가고 있는 두 기업인 제일모직과 신세계인터내셔널이 사촌 기업이라고 불리는 이유는 두 CEO의 관계에서 비롯된 것이다.

현빈이 선택한 신세계인터내셔널의 의상과 임수정이 선택한 제일모직 의 의상은 결국 이서현 부사장과 정유경 부사장이 패션산업을 놓고 벌이는 주도권 다툼이자 불꽃 튀는 자존심 대결로 볼 수 있다.

이 부사장과 정 부사장의 공통점은 각 그룹에서 패션사업을 주도적으로 지휘하고 있다는 점이다. 이들이 기업을 어떤 방식으로 경영하고 있는지 파악했다면 경제기사를 통해 산업의 흐름과 돈의 흐름을 읽어내는 비법을 찾은 것이다.

정 부사장과 이 부사장은 공통적으로 '한국 패션의 글로벌화'를 최대 목표로 삼고 있다고 기사는 언급했다. 전통적으로 국내 시장만을 대상으로 하던 패션 기업의 거물들이 해외로 눈을 돌리고 있다는 것은 패션산업의 트렌드를 읽는 중요한 포인트가 된다. 또한 이들은 자신들의 경영철학을 패션 스타일로 소화하고 있기도 하다. 자기 자신이 곧 걸어 다니는 브랜드가 되는 것이다. 실제 이서현 부사장은 소녀적이고 여성적인 디테일이 부각되는 옷을 주로 착용해 '따도녀(따뜻한 도시 여자의 줄임말)'라는 별칭을 얻었다. 이서현 부사장의 패션 스타일을 통해 그가 제일모직에서 어떤 경영인의 모습으로 일하고 있을지도 짐작 가능하다.

자, 이제 준비운동은 끝났다. 새로운 시각으로 경제기사를 읽을 준비가 됐는가? 물론 경제기사를 내 것으로 만드는 것은 쉬운 일이 아니다. 당장 앞의 기사만 봐도 막히는 곳이 한두 군데가 아니라고 느끼는 분들도 있을 것이다.

기업 분할은 무엇일까? 후계 구도는 무엇일까? 경제용어를 공부하지 않으면 이해하지 못하고 넘어가는 부분이 많이 생긴다. 때문에 꾸준히 신문을 읽고 생소한 경제용어들을 꼼꼼히 공부해 가는 노력들이 필요하다. 기본적인 용어를 파악한 후 행간에 대한 이해, 배경 지식에 대한 이해를 마치고 나면, 경제기사를 내 것으로 만드는 일은 더 이상 어려운 벽이 아닐 것이다.

필수경제용어

● CEO(chief executive officer)

기업의 최고 경영자로, 우리나라 대기업은 보통 회장이 CEO를 함께 맡는 것이 보통이다. 이사회를 주재하는 동시에 기업의 방침을 결정하거나 장기 계획을 짜는 등 모든 책임을 진다.

● COO(chief operating officer)

최고 업무책임자. 회장의 정책 방침 하에서 일상 업무를 원활하게 추진하기 위한 결정을 행하는 직위로 외국에서는 일반적으로 사장이 겸임하고 우리나라에서는 사장이 CEO, 부사장이 COO를 하는 경우가 많다.

● CFO(chief finance officer)

자금을 담당하는 임원. 경리 · 자금 · 원가 · 심사 등 재경 부문의 조직을 하나로 통합해 이를 총괄하는 부사장급 임원. 단순히 결산과 재무제표 작성 등 업무에 치중하던 재경 부문이 의사결정 지원 체제로 격상된 것이다.

● CTO(chief technology officer)

최고 기술책임자. 기업의 기술개발 전체를 총괄하는 책임자로 연구 · 개발 · 제품개발 등을 전담한다. 첨단기술을 다루는 벤처 비즈니스 업계에서 특히 중요하게 여기는 직책이다.

드라마, 오락을 넘어 경제로 우뚝

- 경제기사를 보면 잘나가는 산업이 보인다

 이리 와서 이 드라마 좀 봐.

 난 드라마는 안 보는데. 예능 프로그램 하면 알려줘.

 드라마를 안 보고 어떻게 요즘 트렌드를 따라가려고 그래. 드라마에도 경제가 있어. 주인공이 사용하는 물건부터 옷까지 다 소비층을 겨냥해서 만드는 물건이라고.

 뭐든 돈으로 연결되는군.

최근 경제기사에 엔터테인먼트 산업이 많이 등장하고 있다. 드라마 제작부터 음반 산업, 한류 열풍을 몰고 온 가수들, 열광적인 삼촌·누나팬을 만들어낸 아이돌과 걸그룹까지, 스포츠지 연예 섹션에만 등장했던 엔터테인먼트가 어느새 당당한 산업으로 자리 잡으며 경제기사의 큰 축을 담당하고 있다.

언론 매체 입장에서도 엔터테인먼트의 산업화는 반가운 호재다. 사실 경제를 생각하면 《맨큐의 경제학》《경제원론》 등등의 딱딱한 책을 떠올리기 쉽다. 그런데 언제부터인지 경제기사들이 사람들의 눈을 끌려고 호기심을 자극하는 내용을 많이 생산하기 시작했다. 가장 좋은 소재가 된 것이 바로 엔터테인먼트 산업이다.

드라마 〈시크릿가든〉에서 주요 배경이 됐던 로엘백화점은 실제로 롯데백화점이었다. 제작비 지원이 아닌 장소협찬 수준이었지만 스토리상 주원(현빈)이 큰 주목을 받으면서 자연스럽게 롯데백화점도 상당한 광고 효과를 보게 됐다. 많은 사람들이 롯데백화점의 파격적인 간접광고(PPL)로 로엘백화점이 생겨난 것 아니냐고 말하지만, 제작진은 장소 협조를 해준 롯데백화점에 방송 촬영 이전부터 고마운 마음을 가졌다고 전했다. 하지만 방송 후 브랜드 인지도 상승 효과를 톡톡히 봤기 때문에 롯데백화점 측이 오히려 〈시크릿가든〉의 제작진에 고마운 마음을 가졌다고 한다. 주원은 극중에서 로엘백화점 CEO로 나오며 VVIP들을 위한 특별한 이벤트를 벌이는 등 차별화된 마케팅으로 고객을 대하는 모습을 자연스럽게 연기해 호평을 받았다.

경제기사는 돈과 연관된 모든 내용들을 담고 있다. 그래서 경제의 흐름을 남보다 먼저 캐치하려면 경제기사를 꼼꼼이 보라고 강조하는 것이다. 이 기사는 〈시크릿 가든〉이라는 드라마가 한 기업의 홍보 역할을 톡톡히 해냈다는 것을 중점적으로 말하고 있다. 드라마에 촬영현장을 제공한 롯데백화점은 이미지 제고에도 상당한 도움을 받았고, 일본인과 중국인 관광객들로 인한 매출도 더욱 늘어났다는 후문이다.

전문적인 용어로 말하자면 PPL이다. PPL은 작은 소품으로 등장할 수도 있고(실제 이 드라마의 주인공들은 LG전자의 스마트폰을 사용해 화제가 되기도 했다), 이 사례처럼 촬영장소가 될 수도 있다.

이 기사는 드라마의 한 장면으로 나온 것을 인용해 '백화점이 VIP 고객들을 잘 관리하고 있다'는 정보를 알리기도 한다. VIP(very important person)란 매우 중요한 사람, 주요 인물, 일반적으로 백화점에선 자신의 매장을 자주 찾는 고객, 기업에선 자사의 제품을 선호하는 고객을 말한다. VVIP란 공식적인 용어는 아니지만 very를 두 번 강조해 그중에서도 더욱 중요한 고객층을 칭한다.

KBS주말드라마 〈넝쿨째 굴러온 당신〉에서 이탈리안 패밀리 레스토랑인 '블랙스미스'가 PPL마케팅으로 인기를 올리고 있다. 주인공인 김남주의 둘째 시누이 방이숙(조윤희)과 상대역인 천재용(이희준)이 일하는 사랑의 무대가 바로 블랙스미스다.

인기드라마 PPL을 통한 인지도 상승은 곧바로 창업 활성화로 연결되어, 지난 해 11월 론칭 한 후 6개월 만에 오픈한 매장만 13개에 이르고, 계약 체결 후 오픈 준비 중인 곳만 해도 17개에 달하는 성과를 거뒀다.

또한 2012년 주말 드라마로 인기를 모았던 〈넝쿨째 굴러온 당신〉에서는 블랙스미스라는 이탈리안레스토랑이 PPL로 브랜드 이미지 상승이라는 효과를 봤다. 사실 대중들에게 잘 알려져 있지 않던 블랙스미스는 드라마를 통해 자주 노출되면서 사업 확장과 인지도 제고라는 두 마리 토끼를 잡을 수 있었다.

결국 이러한 기사들을 살펴보는 것은 엔터테인먼트 산업이 현재 어떤 역할을 해내고 있는가를 짐작하는 동시에 드라마에 도움을 준 유통 기업의 경제적 이익까지도 판단해 보는 시간이 되었다.

더불어 최근 시장이 가장 주목하고 있는 산업이 무엇인지에 대해서도(기사에서 보자면 엔터테인먼트 산업) 알 수 있다.

사실 경제란 어려운 것이 아니다. 기회비용을 희생해 최고의 이익을 추구하는 것, 남들이 기대하지 못한 곳에 먼저 투자해 더 나은 수익을 얻어내는 것이 바로 경제와 시장이 만들어내는 가치다. 그것이 엔터테인먼트 산업이 됐든, 유통 산업이 됐든, 스포츠 산업이 됐든 말이다.

그리고 앞에서 보았듯이 각 산업과 산업은 정확히 분리돼 있지 않으며 서로 복잡하리만큼 유기적으로 연결돼 상보적 가치를 창출하고 있다. 경제 기사를 자세히 보면 그 연결고리를 어느 정도 이해할 수 있게 되고, 앞으로 주목해야 할 산업은 무엇인지에 대해서도 짐작해 볼 수 있다.

● **PPL (product placement)**

PPL, 즉 간접광고란 마케팅 전략의 하나로 영화, 드라마 등에 자기 회사의 특정 제품을 등장시켜 홍보하는 것을 말한다. 드라마에서 출연자들이 특정 기업의 상품을 자연스럽게 들고 연기하는 모습을 종종 볼 때가 있다. 그러나 극 상황과 어울리지 않는 노출이나 과도한 PPL 남발은 오히려 극의 질은 물론 회사 이미지를 떨어뜨린다는 비판도 있다.

삼성이 휴대폰업계
2등이 될 줄 누가 알았을까

– 기업과 상품

 휴대전화를 바꿀 때가 되었는데, 아이폰 시리즈를 살까, 갤럭시 시리즈를 살까 생각 중이야.

 자기가 쓰기 편한 것을 사면 되는 거 아닐까?

 나도 그렇게만 생각했는데 애플과 삼성이 경쟁 구도를 가지고 가는 것을 보니까 아무거나 고르기 좀 힘들어지더라고.

〈앵커 멘트〉 스마트폰 시장에서의 기업 간 경쟁이 점점 뜨거워지고 있습니다. 스마트폰 시장 1위와 2위를 차지하고 있는 애플과 삼성은 같은 날 야심차게 준비한 새 제품을 각각 선보였습니다. 비교해 보시죠. ○○○ 기자입니다.

〈리포트〉 청바지에 터틀넥 차림의 스티브 잡스가 차세대 스마트폰 '아이폰4'를 공개했습니다. 관심을 모았던 디자인은 9.3mm로 세계에서 가장 얇은 두께입니다. 기존의 둥근 모양은 평면으로 바뀌었습니다.
[인터뷰] 스티브 잡스(애플 최고경영자)
"아이폰을 손에 쥐면 믿을 수 없는 경험을 할 것입니다. 완전히 새로운 디자인입니다."

같은 날 삼성의 '갤럭시S'도 공개됐습니다. 삼성이 자존심을 걸고 만들었다는 뜻으로 일명 '이건희폰'으로 지칭되는 이번 스마트폰은 최고의 화질과 빠른 처리 속도를 강점으로 내세웠습니다. 지난해, 삼성과 엘지는 일반 휴대폰 시장에선 세계 2위와 3위를 차지했습니다. 하지만 스마트폰 시장에선 점유율 4%로 미미한 성적을 냈습니다. 향후 한 달간 10종류의 국내외 스마트폰이 잇따라 모습을 드러낼 예정인데 국내 기업들이 스마트폰 시장에서도 두각을 나타낼지 기대가 모아지고 있습니다.

터틀넥의 사나이, 애플의 CEO였던 스티브 잡스가 만들어낸 스마트폰이 보여준 파괴력은 대단했다. 스마트폰이 세상을 바꿨다고 해도 과언이 아닐 정도로 스마트폰 사용자가 급속히 늘었다. 이제 스마트폰으로 이메일을 확인하며 업무를 보기도 하고, 정보를 확인하는 것은 물론 트위터, 페이스북 등 소셜네트워크를 통해 다른 사람들과 실시간으로 교류하기도 한다.

스마트폰 시장을 먼저 공략한 기업은 아이폰을 만든 애플사다. 애플사는 아이폰은 물론 아이팟, 아이패드 등 각종 첨단 기기를 만들어내며 세상을 바꿨다. 아이폰 성공 신화를 통해 애플사는 세계에서 가장 시가총액이 큰 기업이 되었다.

시가총액이란 주식시장이 어느 정도의 규모를 가지고 있는가를 나타내는 지표로서 서로 다른 금융자산을 비교할 때 유용하다. 개별 종목의 시가총액을 말하는 경우와 주식시장 전체의 시가총액을 말하는 경우가 있는데, 여기서 애플의 경우는 개별 종목의 시가총액을 가리킨 것이다. 애플이 발행한 주식 수와 주가를 곱한 값이 세계에서 가장 크며 동시에 애플이라는 회사의 규모가 세계 증권시장에서 가장 크다는 것을 의미한다. 참고로 2012년 8월 20일 애플의 시가총액은 6235억 달러, 한화로 약 707조 원을 기록하면서 기존의 최고치였던 마이크로소프트의 1999년 6205억 달러를 돌파했다.

애플의 아이폰 성공 신화에 도전장을 내민 기업이 있었으니 바로 한국 최대의 IT기업인 삼성전자다. 삼성전자는 국내 휴대폰 시장은 물론 세계 휴대폰 시장에서도 줄곧 1위 자리를 놓치지 않았다. 그러나 애플에 스마트폰 시장 주도권을 내주면서 2위로 밀려나게 됐다.

여기서 알 수 있는 것은 시장에서 판매되고 있는 상품(스마트폰)이 있다면 그것을 만들어내는 기업(애플, 삼성전자)이 있다는 것이다. 그 기업은 애플과 같은 해외 기업일 수도 있고 삼성전자와 같은 국내 기업일 수도 있다.

휴대폰 시장엔 애플의 아이폰과 삼성전자의 갤럭시, LG전자의 옵티머스 등 각 기업을 대표하는 상품이 있다. 기업들은 시장을 주도할 수 있는 상품을 만들어내기 위해 끊임없이 대규모의 투자를 하기도 하며 치열한 마케팅을 펼치기도 한다.

애플의 CEO였던 스티브 잡스는 한동안 마이크로소프트의 CEO 빌 게이츠에 고전하다가 아이폰으로 세계적 성공을 이끌어냈다. 휴대전화 시장에서 최고 강자로 군림해 오던 삼성전자까지도 제치고서 말이다.

물론 삼성전자 역시 일명 '이건희폰'으로 불리는 갤럭시 시리즈를 내놓으며 애플이 선점한 스마트폰 시장을 많이 따라왔지만, 이미 확고해진 1등 자리를 빼앗기는 쉽지 않다. 소비자들이 좋아할 수 있는 혁신적인 상품을 가장 빨리 만들어내는 것, 이것이 곧 기업의 큰 숙제인 것이다.

필수경제용어

● 스마트폰(smart phone)

스마트폰은 고기능 또는 고성능을 가진 휴대전화를 가리키는 말이다. 대기업에서는 전 직원에게 스마트폰을 무상으로 제공하는 등 스마트폰 사용은 이제 시대적 흐름이 되어 버렸다. 스마트폰은 '첨단'과 '세련됨'을 대변하며 20~30대 젊은 층을 중심으로 인기를 끌고 있다. 그러나 스마트폰을 구입했지만 기능을 잘 몰라 쩔쩔매는 이들을 일컬어 '스마트폰 포비아(공포증)'라는 신조어까지 나오고 스마트폰을 갖고 있지 못해 주류에서 벗어난 것처럼 느끼는 사람들을 중심으로 '스마트폰 소외족'이라는 말이 생기는 등 '안티(anti) 스마트폰' 현상도 나타나고 있다.

한국거래소,
공공기관의 굴레를 쓰다?
– 공기업이라고 다 같은 공기업이 아니다?

 앗! 전기료가 이만큼이나 나오다니. 세금도 냈는데 나라에서 내 돈을 너무 많이 빼앗아 가는 거 아냐?

 정확히 말하자면 한국전력은 공기업이니까 이익을 내야 해. 그래서 전기료가 자꾸 오르는 거라고.

 공기업, 사기업 난 그런 거 몰라. 내 전기료나 돌려줘.

 그러면 일단 에어컨이나 꺼.

한국거래소는 2005년 1월 한국증권선물거래소법에 의해 출범된 곳이다. 유가증권(코스피), 코스닥, 선물 등 3개의 시장을 통합한 이후 상장기업의 수와 거래 대금이 증가했다. 이후 자본시장통합법에 의해 한국증권선물거래소에서 한국거래소로 이름이 바뀌었다.

이곳은 주식과 선물 거래가 공정하고 안정되게 잘 이뤄지도록 하는 막중한 임무를 맡고 있다. 한국거래소는 증권회사, 선물회사, 중소기업진흥공단, 금융투자협회 등이 주주로 있는 주식회사다. 즉, 이들이 일정한 자본금을 투자해 운영하고 있는 회사란 뜻이다. 주식회사이기 때문에 각 주주들은 가지고 있는 주식 수만큼 지위를 얻게 되고 또 그 주식 금액의 한도만큼 회사에 대한 책임을 지게 된다. 그럼에도 한국거래소는 특수한 신분을 가지게 됐다. 공공기관 지정이 바로 그것이다. 그렇다면 공공기관은 공기업인 걸까?

공기업은 국가나 지방자치단체가 사회 공공의 복리를 증진하기 위해 경영하는 기업이다. 한국전력, 한국가스공사, 한국조폐공사, 한국수자원공사, 한국석유공사 같은 곳이 대표적인 공기업이다. 예술의 전당과 국립암 센터 역시 공기업에 속한다. 공기업이 되면 특정 기간마다 감사원의 감사를 받게 되며 사장 선임 등 인사 역시 정부의 통제를 받게 된다. 주주의 이익보다는 공공의 이익이 우선인 회사가 되는 것이다.

그렇지만 회사인 만큼 공공성과 함께 이익 창출을 동시에 이뤄야 하는 숙제를 가지고 있다. 공기업은 정부가 출자한 자본에 따라 50% 이상, 미만으로 구분해 크게 정부투자기관과 정부출자기관으로 나눠진다. 물론 법적으로 예외를 두는 경우도 있고 유사 기관도 있다.

● 공기업의 분류 ●

| 정부투자기관(총 자본 중 정부 출자가 50% 이상)
한국조폐공사, 한국전력, 대한석탄공사, 한국도로공사, 한국수자원공사, 한국 관광공사, 산업은행, 국민은행, 중소기업은행 등

| 정부출자기관(총 자본 중 정부 출자가 50% 미만)
인천국제공항, 지역난방공사, 감정원, 한국전력기술공사, 조세연구원, 통일연구원, 한국법제연구원 등

예외적으로 공단이 운영되고 있는데, 공단이란 국가의 행정기관이 하는 일 중 특수하거나 전문성이 필요한 업무를 모아 법인 또는 회사를 설립하고 그 업무를 담당하게 한 곳이다. 이익보다는 정부가 비대해지는 것을 막

고 행정의 효율을 높이기 위해 운영된다. 예를 들어 노동부의 산업인력공단, 건설교통부의 교통안전공단, 보건복지부의 의료보험공단이 운영되고 있다.

기사에 언급된 한국거래소는 금융 공기업이라고 불리기도 하지만 '준정부기관'이라는 명칭이 더욱 정확하다. 준정부기관이란 공기업이 아닌 기업 중에서 공공 기능을 하는 곳에 부여하는 명칭이다. 2007년 4월 1일부터 '공공기관의 운영에 관한 법'이 시행됨에 따라 공공기관을 공기업, 준정부기관, 기타 공공기관으로 나눈다.

공기업과 준정부기관은 직원 정원이 50인 이상인 공공기관 중에서 지정한다. 공기업은 상업성이 공공성보다 높고 자체 수입액이 총 수입액의 2분의 1 이상인 기관 중에서 지정하고, 준정부기관은 공기업이 아닌 공공기관 중에서 지정한다.

한국거래소는 2009년 위탁집행형 준정부기관으로 지정받았다. 때문에 한국거래소의 정확한 분류 기준은 준정부기관인 것이다.

반발도 컸다. 주식 거래 시스템을 제공함으로써 자본시장과 가장 가까운 일을 하는 기관이 '민간'이 아닌 '관'에 의해 관리된다는 것이 모순이라는 것이었다.

공기업과 준정부기관의 차이를 아는 것은 크게 중요하지 않다. 하지만 그들의 역할과 정체성을 재정립해 나갈 필요는 있다.

● 준정부기관

준정부기관은 공기업이 아닌 공공기관 중에서 기획재정부 장관이 지정한 기관을 가리킨다. 국가재정법에 따라 기금을 관리하거나 기금의 관리를 위탁받은 기금관리형 준정부기관과, 이외의 활동을 하는 준정부기관인 위탁집행형 준정부기관으로 나뉜다. 예를 들어 금융위원회 산하에는 한국예탁결제원과 한국거래소가 위탁집행형 산하기관으로 있다.

워런 버핏이 한국의 유한회사에 투자했다고?

– 유한회사의 비밀

이익을 추구하는 회사의 수는 무수히 많다. 하지만 그 속을 들여다보면 각기 다른 법적 기준을 토대로 세워져 특정한 방식으로 운영된다. 많고 많은 회사들을 어떻게 분류해야 할까? 그리고 그 회사들은 어떻게 운영되고 있을까?

회사의 출발은 '유한회사'에서 비롯된다. 유한회사란 특정한 한계 내에서 책임을 지는 사원들이 모여 만든 회사를 말한다.

유한회사는 회사를 세울 때 여러 사람이 자본을 대고, 회사가 돈을 벌거나 손해를 낸 부분에 대해 자본을 댄 사람들이 일정 부분만 책임을 진다. 사원이 회사에 낸 출자금액을 한도로 책임을 지기 때문에 1억 원씩 5명이 출자를 해서 설립된 회사에서 경영상의 문제로 10억 원의 손실이 났다면, 1억 원씩만 책임지게 된다. 나머지 5억 원에 대해서는 사원들이 책임질 의

무가 없다.

같은 경우 합자회사라면 1억 원씩 출자한 5명이 각각 2억 원씩 책임지게 된다. 합자회사는 채무 변제에 대해 일정 한도를 가지고 있는 유한회사와 달리 '무한책임' 사원의 출자를 통해 설립되고, 채무를 모두 변제해야 하는 책임이 있기 때문이다.

그렇다면 주식회사란 무엇일까?

주식회사란 유한회사보다 설립규정이 구체화된 회사를 말한다. 주식을 발행하고 발행된 주식을 소유함으로써 주주가 될 수 있으며 주식을 살 때 지불한 투자금 이상의 책임은 지지 않는다. 주식회사의 설립을 위해서는 일정 수 이상의 발기인과 5000만 원 이상의 설립 자본금, 회사 운영에 관련된 정관이 있어야 한다.

앞서도 설명했듯이 유한회사는 주식회사와 달리 출자 금액에 대해서만 책임을 질 뿐 채권자에 대한 책임이 없는 법인이다. 이에 따라 주식회사보다 폐쇄적이고 여러 규제에서 자유롭다는 장점도 있다. 주식회사는 매년 외부 감사를 받은 재무제표를 공시해야 하는데, 유한회사는 이러한 의무에서 자유롭다.

또 유한회사는 설립 절차가 간편하고 비공개적인 특성을 가진다. 반면 사원의 지분 양도에 제한이 있고 지분의 유가증권화를 인정하지 않는다. 원칙적으로 지분을 출자한 사원(주주)의 수도 50명을 초과할 수 없다.

설립 절차가 간편하고 여러 규제에서 비교적 자유롭기 때문에 외국계 기업들이 한국에 진출할 경우 유한회사 형태를 취하는 경우가 많다. 대표적으로 한국마이크로소프트(MS), 한국HP, 구글코리아 등이 유한회사다. 최근 세계적인 SNS업체인 페이스북도 유한회사 형태로 페이스북코리아를 설립했다.

국내 유한회사는 2012년 기준 1만 8800개 정도로 전체 법인 46만여 개 가운데 4%에 불과하다. 95% 이상이 주식회사다.

그렇다면 이러한 유한회사의 장점에도 불구하고 대부분의 기업이 주식회사 형태를 취하는 이유는 무엇일까?

주식회사는 한국이나 미국 등 대다수의 나라에서 일반적으로 가장 많이 볼 수 있는 기업 형태다. 사실 주식회사는 소규모 사업자 및 자영업자들에게 적합한 형태는 아니다. 주식회사는 주주라고 불리는 주식 소유자의 책임 한도를 제한하는 형태로 일반적으로 회사의 자산과 부채를 소유할 권한이 없고 책임도 지지 않으며, 주주 수의 제한이 없어 언제든지 자본을 늘리거나 주식시장에 상장해 자본을 유치할 수 있다. 또한 자유롭게 주식을 팔거나 살 수 있다.

이 중 가장 눈여겨볼 것은 '자유로운 자본 유치'다. 주식회사는 자본 조달이 용이한 것이 가장 큰 장점이다. 주식을 자유롭게 사고팔 수 있으며 유상증자 또는 상장 등을 통해 자유롭게 사업 자금을 추가적으로 조달할 수 있다. 때문에 수많은 사기업들이 주식회사 형태로 운영되고 있다.

● 합명(合名)회사

모든 사원이 무한 책임을 지는 회사로 회사 채권자, 즉 회사가 빚을 진 사람들에 대해 직접적으로든, 연대해서든 무한의 책임을 부담한다. 원칙으로 회사의 업무를 집행할 권리와 의무를 가지며 그 지위를 타인에게 자유롭게 이전할 수 없다. 따라서 서로 신뢰 관계가 있는 소수인의 공동 기업에 적합한 형태의 회사다.

● 합자(合資)회사

합명회사와 같은 무한책임 사원도 있지만 회사 채권자에 대해 출자액을 한도로 하는 유한책임을 부담하는 사원으로 구성되는 이원적인 조직의 회사다. 일반적으로 무한책임 사원은 기업 경영을 담당하고 유한책임 사원은 업무 집행에 참여하지 아니한다. 이곳도 대부분 사원수가 적다.

● 주식(株式)회사

주식의 인수가액을 한도로 하는 유한의 간접 책임을 부담하는 사원, 즉 주주만으로 성립하는 회사이다. 주주는 간접적이고 유한적인 책임을 지기에 주주총회의 결의에는 참가하나 업무 집행에는 참여하지 못한다. 또 주식을 자유롭게 양도할 수 있고, 사원 개개인의 성향이나 경영능력이 크게 문제되지 않으므로 사원수가 많고, 자본이 많이 필요한 대기업에 적합하다.

● 유한(有限)회사

주식회사의 주주와 같이 출자액을 한도로 하는 간접의 유한책임을 부담하는 사원만으로 성립하는 회사다. 워런 버핏도 간접의 유한책임을 부담하는 주주다. 중소기업 경영에 적합한 형태다.

가전제품 슈퍼마켓이 상장을 한다고?

– 상장사와 비상장사의 차이

대박! 대박! 우리 회사 올 가을에 상장한대.

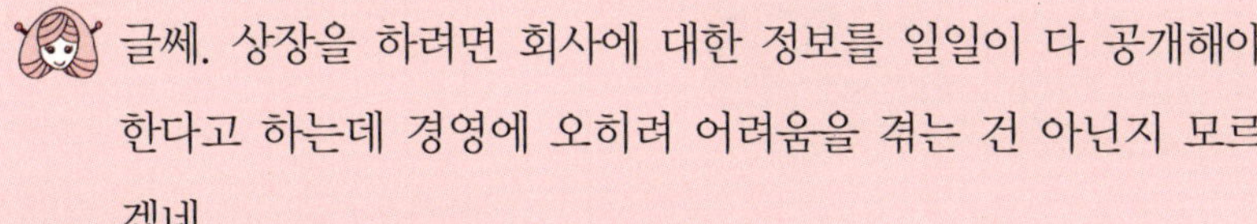

글쎄, 그건 사장님 소관이니까.

이그, 인간아.

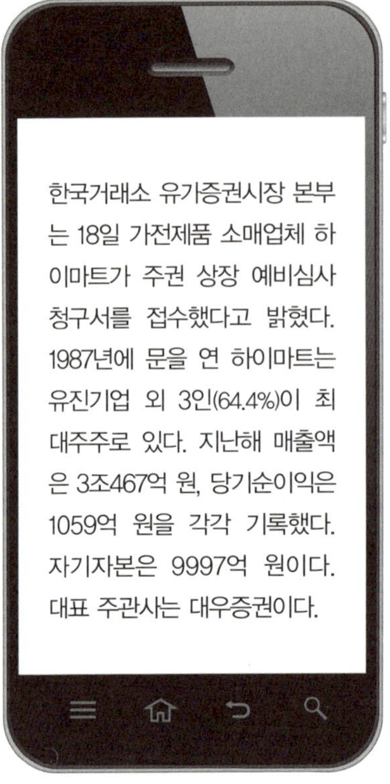

상장이란 무엇이고 상장사와 비상장사는 어떻게 분류되는 것일까?

신혼부부들이 가전제품을 보러갈 때 자주 들른 하이마트(현 롯데하이마트, 이하 하이마트)가 지난 2011년 상장 절차를 마쳤다. 상장이란 한국거래소에 증권을 사고팔 수 있는 대상이 되도록 등록하는 일이다. 결국 상장사란 증권시장에서 주식을 사고팔 수 있는 일정한 조건을 갖춘 회사를 가리키는 것이다.

주식회사들은 상장사 또는 비상장사로 분류된다. 비상장사는 말 그대로 아직까지 상장하지 않은 기업들을 가리킨다. 시장에 나와 있지 않기 때문에 주식에 대한 거래도 활발하게 이뤄지기 힘들며 자본금을 유치하는 것도 어렵다. 비상장사였던 하이마트는 증권시장에 나옴으로써 보다 많은 투자자들에게 회사의 주식을 팔아서 새로운 자금을 유치하고자 한 것이다. 새옹지마라고 2012년에는 경영진 비리 등으로 상장폐지의 위기가 오기도 했지만 말이다.

그렇다면 상장 절차는 어떻게 될까?

모든 상장 절차는 한국거래소가 주관한다. 상장을 원하는 기업은 먼저 조건을 충족한 뒤 예비심사 청구서를 내고 통과되면 유가증권 신고서를 제출한다. 이 역시 통과되면 상장 신청서를 제출한 뒤 공모 절차를 밟는다. 공모란 새로 주식을 발행해 다수의 일반으로부터 투자를 모집하는 일을 말한다. 즉 새로운 투자자에게 회사의 주식을 팔아 자본금을 유치하는 것이다.

● 상장 절차 ●

상장 예비심사 청구서 제출 → 상장 예비심사 → 유가증권시장 상장위원회 심의 → 상장 예비심사 결과 통보 → 유가증권 신고서 제출 → 공모 → 상장 신청서 제출 → 상장 승인 통보 → 상장 및 매매 거래 개시

생명보험사 중 1위 기업인 삼성생명 역시 오랜 준비기간을 거쳐 2010년 상장에 성공해 공모를 진행할 수 있었다. 비상장사로 정보 공개가 많지 않던 삼성생명이 공시를 투명하게 하는 상장사로 변모한 것이다.

삼성생명은 상장을 통해 수조 원이 넘는 자금을 유치할 수 있었다. 다만 삼성생명의 상장은 신주(新株), 즉 새로운 주식을 발행해 회사 운영에 필요한 사업 자금을 유치한 것이 아니라 상장을 통해 구주(舊株), 즉 기존에 주주들이 가지고 있던 주식들을 팔아 회사가 속한 그룹이 지고 있던 빚을 갚는 데 자금이 활용되었다.

어쨌든 상장이란 일반 투자자들에게 회사의 주식을 살 수 있는 기회를 주는 것으로서 새로운 자금을 유치하는 통로가 된다는 것을 꼭 알 필요가 있다.

하지만 상장사는 다수의 투자자들에게서 자본을 유치

하고 있는 만큼 지켜야 할 의무도 많다. 실제 의무를 제대로 지키지 않은 기업들은 시장에서 퇴출된다. 그것이 바로 상장사 퇴출이다.

자본이 잠식되거나, 회계법인으로부터 감사 의견 '거절'을 받거나, 대규모 손실이 나거나, 사업 보고서를 미제출하거나, 횡령·배임 행위가 발생하거나 등등 상장사들이 퇴출되는 사유는 다양하다.

네오세미테크가 대표적인 사례다. 발광다이오드(LED) 및 태양전지 소재 업체인 네오세미테크는 전 대표이사의 횡령과 분식회계 등으로 2010년 8월 상장 폐지됐다. 이 과정에서 수많은 개미 투자자를 울렸다.

여기서 알 수 있는 것은 상장을 통해 시장에 들어오는 것만 중요한 게 아니라 투자자들의 신뢰를 지키기 위해 올바른 경영을 해나가는 것도 무척이나 중요하다는 것이다. 금융당국은 상장 폐지를 통해 건강한 기업을 골라냄으로써 건전하게 경쟁할 수 있는 분위기를 만들고 있다.

필수경제용어

● 유가증권

양도를 용이하게 하기 위해 무형의 권리를 유형의 증권 형태로 만들어 나타낸 것으로, 법률에 의해 설립된 법인이 발행한 출자증권, 즉 주식회사가 발행한 주식을 가리키는 것으로 이해하면 쉽다.

● 상장 폐지

상장 폐지는 증시에 상장된 주식이 매매 대상으로서의 자격을 상실해 상장이 전격 취소되는 것이다. 상장사로부터 직접 폐지 신청을 받기도 하지만 대부분 한국거래소에서 기업의 자격을 판단해 상장 폐지 절차를 진행하고 있다. 특별한 경우 정부에서 투자자 보호를 위해 상장 폐지를 명하기도 한다. 경영 실적 등을 담은 사업 보고서를 기간 내에 제출하지 못했거나 자본금이 전액 잠식된 기업, 회사 정리 절차에 들어간 기업 등은 모두 상장 폐지 대상 기업이다.

● 자본잠식

기업의 자본은 납입자본금과 내부유보된 잉여금으로 구성되는데, 만일 회사의 적자 폭이 커져 잉여금이 바닥나고 납입자본금을 상쇄하기 시작하면 이를 자본잠식 또는 부분잠식상태라고 한다. 만약 납입자본금마저 모두 잠식하면 자본 총계가 마이너스 상태로 접어들게 되는데, 이를 자본전액잠식 또는 완전자본잠식이라고 한다.

● IPO(initial public offering, 기업공개)

주식의 신규 상장을 일컫는 말로 기업공개라고도 풀이할 수 있다. 개인이나 소수 주주로 구성되어 폐쇄성을 띠고 있는 유한회사나 합자회사와 같은 기업이 일정한 절차를 거쳐 그 주식을 일반 대중에게 분산하고 재무 내용을 공시하는 일을 가리킨다.

07

홈플러스는 삼성 회사야?
테스코 회사야?

– 외국계 기업, 어떤 형태로 존재할까

 장보러 가는데 같이 갈래?

 어디로 가는데?

 코스트코.

 기왕이면 우리나라 기업인 홈플러스로 가는 게 어때?

 홈플러스도 이제 외국 기업이나 마찬가지라고.

 그래?

글로벌 유통업체 테스코가 영국 개트 윅 공항에 오는 19일까지 홈플러스 가상 스토어를 도입해 운영한다고 밝혔다. 테스코는 현재 홈플러스의 최대주주로 있다. 테스코는 개트윅 공항 북측(North) 터미널 출국 라운지에 매장을 운영하고 있는데, 이곳에 우유와 계란, 치즈, 파스타, 씨리얼, 과일 등 약 80여 개 아이템의 바코드를 심은 가상스토어 스크린 4대를 설치했다. 가상 스토어는 한국 홈플러스가 최초로 선보인 것이다.

홈플러스는 지난해 2월 삼성과 테스코의 합작회사에서 삼성이란 이름을 떼고 홈플러스 주식회사로 새롭게 출범했다. 홈플러스의 최대주주인 영국계 유통기업 테스코는 지난 28일자로 삼성물산과 상호 계약기간이 만료됨에 따라 상호 변경을 추진하기로 했다.

삼성테스코는 지난 1999년 4월 영국 테스코사와 삼성물산이 51대 49의 지분으로 만든 합작 유통회사다. 이후 삼성은 그룹 구조조정으로 유통업 분야 지분 정리를 추진하며 30% 삼성테스코 지분을 영국 테스코그룹에 매각했다.

최근 몇 년 새 급격히 수가 늘어난 슈퍼마켓 체인이 있다. 그 주인공은 홈플러스로 지방 구석구석까지 매장이 자리 잡지 않은 곳이 없을 정도다. 홈플러스는 2013년 8월 기준으로 대형마트와 익스프레스점을 합쳐 431개(홈페이지 기재 기준), 직원 수가 2만 명이 넘었다. 매출액도 10조 원을 넘어설 정도로 급성장했다. 아직 146개(2012년 12월 공시 기준)의 지점을 가진 이마트보다는 매출에서 뒤지지만 성장 속도로 보면 만만치 않다. 특히 홈플러스는 지방에 지점을 집중적으로 늘려, 어느새 포천, 강릉 등 지방 소도시를 대표하는 슈퍼마켓으로 자리를 잡았다.

그런데 홈플러스의 주인은 누구일까?

홈플러스의 원래 주인은 삼성테스코라는 곳이었다. 삼성테스코는 홈플러스를 운영하던 삼성물산이 지난 1999년 영국 테스코홀딩스와 5대 5로 합작해 설립했다. 양사에서 동일한 자본금을 동시에 투자해 함께 경영권을 가지고 운영해온 것이다. 이후 테스코홀딩스의 지분이 꾸준히 높아져 현재 94.68%를 보유하고 있다.

삼성그룹은 그룹이 보유하고 있는 삼성테스코(홈플러스의 경영 주체)의 지분을 꾸준히 동업자인 테스코에 팔았고, 지분율은 5% 이하로 떨어졌다. 결국 홈플러스는 외국계 회사와 삼성그룹의 합작사로 운영돼 왔지만 앞으로 외국계 회사로 전환될 가능성이 높아진 것이다. 이름을 삼성테스코에서 홈플러스로 바꾼 것도 이 같은 계획에서 비롯된 것이다.

합작회사, 또 다른 이름인 합판회사는 외국 기업과 국내 기업의 공동 출자로 설립돼 경영되는 회사를 가리킨다. 무한책임을 가진 사원이 경영을 하고 유한책임을 가진 사원이 자본을 제공해 운영되는 합자회사와는 구분되는 회사다.

합작회사(joint venture)는 원래 중국에서 사용한 용어로 선진국이 개발도상국에 자본 수출을 활발하게 하면서 생겨난 개념이다. 합작회사는 주로 5 대 5의 출자 형태를 갖추게 되지만, 20~30%의 출자 비율로도 회사의 지배나 경영을 공동으로 할 수 있으면 합작회사라고 본다.

홈플러스의 경우 삼성물산이 지분을 5% 이하로 떨어뜨리면서 사실상 경영권을 포기한 것이나 다름없기 때문에 이제 합작회사로 보기는 어렵다. 전에는 합작회사였지만 곧 외국계 회사로 바뀔 운명에 놓인 것이다.

합작회사이거나 과거에 합작회사였던 곳을 꼽자면 네덜란드계 기업인 필립스와 LG의 5 대 5 합작회사인 LG필립스LCD가 있었고, 하나HSBC생명도 하나금융지주와 홍콩HSBC금융그룹이 51 대 49로 지분을 출자해 운영하고 있는 합작회사다. 이 밖에 HP 역시 삼성HP라는 합작회사로 시작해 국내에 자리를 잡은 경우다.

합작회사는 넓게 외국계 회사로 분류되기도 한다. 외국계 기업이란 외국인 개인 또는 외국 법인이 투자한 회사로서 본사를 외국에 두고 한국에 진출해 있거나 합작 형태로 국내에 진출해 있는 직업 조직을 통칭하는 말이다.

● 외국계 기업의 종류 ●

---

① 100% 외국 자본으로 설립된 현지 법인 : 한국IBM, P&G 등

② 외국과 국내 자본의 합작회사 : 피자헛, 맥도날드 햄버거 등

③ 국내 지점 : 메릴린치증권사 등

④ 외국 기업의 연락사무소 및 대리점

필수경제용어

● 다국적기업

다양한 형태의 회사들 중에 다국적회사도 존재한다. 세계기업으로도 불리는 다국적기업은 세계 각지에 자회사, 지사, 합병회사 공장 등을 확보하고 생산과 판매활동을 국제적인 규모로 수행하는 기업을 가리킨다. 엑슨 · 셸 등의 석유회사, GM · 포드 등의 자동차회사, IBM 등이 대표적이다. 현재 한국에 들어와 있는 다국적기업 형태의 회사로는 걸프, 칼텍스, 포드, GM, IBM, 모토로라, 웨스팅하우스, 펩시, 코카콜라 등 미국계를 비롯하여 일본, 서구 등지의 기업들이 있다.

08

돈을 잘 버는 회사는 어떤 회사일까

– 매출액과 영업이익, 당기순이익의 관계 알기

 이번 우리회사 매출이 100억을 돌파할 예정이래.

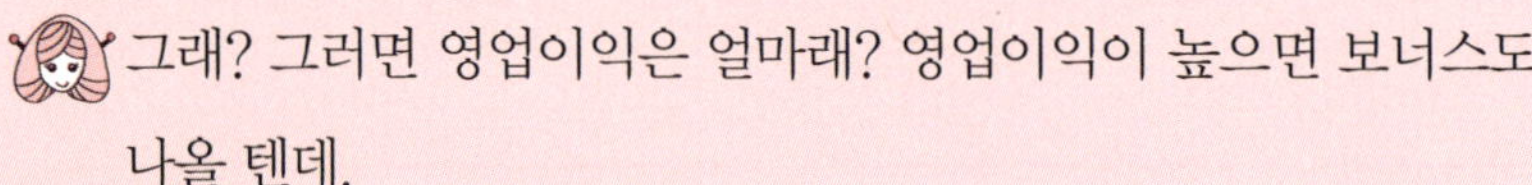 그래? 그러면 영업이익은 얼마래? 영업이익이 높으면 보너스도

나올 텐데.

 잠깐만 전화 좀 걸어보고.

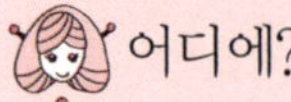 어디에?

 사장님에게. 영업이익이 뭔지 물어보려고.

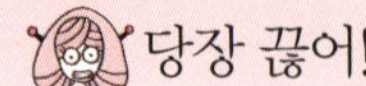 당장 끊어!

삼성전자와 같은 대기업이 실적을 발표하는 날이면 으레 뉴스 속보 전쟁이 시작된다. 시가총액으로 보든, 우리나라 반도체 산업을 이끄는 기업의 위치로 보든, 삼성전자의 실적은 많은 사람들의 관심사다.

실제 삼성전자의 주가는 우리나라 코스피 시장을 이끄는 큰 축이며, 삼성전자의 실적을 바탕으로 삼성전자와 연관된 다른 산업 내 기업들의 동향까지 함께 추정해 볼 수 있다.

삼성전자는 2010년 이후 기존 기록을 갈아치우며 사상 최대 실적을 내고 있다. 삼성전자의 실적이 이처럼 눈에 띄게 늘어난 이유는 휴대폰 부문의

삼성전자가 또다시 사상 최대 분기 실적을 냈다.

삼성전자는 6일 2분기 영업이익이 6조7000억 원으로 잠정 집계됐다고 밝혔다. 이는 지난 1분기 5조8500억 원의 영업이익으로 사상 최고 분기 영업이익을 달성한 후 또다시 기록을 갈아치운 것이다. 분기 삼성전자 매출은 47조 원으로 전년 같은 기간보다 19.17% 증가했다. 2분기 실적을 견인한 것은 역시 휴대폰·통신부문이었다. 시장 전문가 등에 따르면 삼성전자의 2분기 휴대폰·통신부문 매출은 23조7000억 원, 영업이익 4조4800억 원에 달한 것으로 평가된다.

장사가 잘된 덕분이다. 또한 2010년에는 스마트폰과 태블릿 열풍, 윈도우7 출시로 메모리 수요가 크게 늘면서 사상 최대 실적을 기록할 수 있었다.

그렇다면 매출액, 영업이익, 순이익의 차이는 무엇일까. 일부 독자들 또는 투자자들이 이 개념을 혼동해서 쓰는 경우가 있다. 모두 회사의 이익과 관계된 단어임은 맞지만 속을 들여다보면 큰 차이가 있다. 그리고 정말 장

사를 잘하는 기업을 골라내기 위해서는 이 세 개념을 완전히 이해하고 그 중에서 알맞은 지표를 택할 수 있어야 한다.

매출액은 기업이 해당 분기(3개월 또는 1년) 동안 판매한 상품, 서비스 등의 총액으로 기업의 주요한 영업 활동을 통해 얻는 수익을 가리킨다. 일반적으로 수익이라고도 한다. 매출액을 통해 알 수 있는 것은 기업의 생산성, 생산 능력이다. 매출액이 지속적으로 증가한다는 것은 기업의 물건이 잘 팔리고 있다는 것을 의미한다.

영업이익 역시 기업 성장의 바로미터로 볼 수 있다. 영업이익이란 총 매출액에서 제품 원가(제조에 소요된 모든 비용)와 영업 활동비(인건비 등)를 뺀 금액이다. 즉 물건을 만드는 데 들어간 원료비용과 사람을 고용하는 데 들어간 비용, 차량 유지비, 광고선전비 등 판매와 관련된 모든 비용을 제외한 것이 영업이익이다. 실제 영업 활동을 통해 얻은 금액이기도 한 영업이익은 기업의 성장성을 판단하는 데 가장 중요한 지표라고 볼 수 있다.

마지막으로 순이익을 알기 전에 경상이익을 알 필요가 있다. 경상이익이란 영업이익에서 영업외 비용을 뺀 값으로 대표적인 영업외 비용으로는 대출이자 등이 있다. 즉 영업이익에서 대출이자 등 영업과 관계없는 비용을 제외한 것이 경상이익이다. 반대로 영업외 이익이란 기업이 자금을 빌려주고 받은 이자라든지, 환차익(환율로 인해 얻은 이익) 등을 가리키는 것이다.

순이익은 이러한 영업외 이익과 영업이익을 합친 것에서 세금을 공제하면 얻을 수 있다. 기업이 최종적으로 가지는 순수한 이익이다.

$$\text{매출액} - (\text{제품원가} + \text{영업활동비})$$
$$= \text{영업이익} \mid - (\text{영업외비용})$$
$$= \text{경상이익} \mid + \text{영업외이익} - \text{세금}$$
$$= \text{순이익}$$

　여기서 우리가 알 수 있는 것은 회사의 활동성을 보기 위해서는 매출액 보다는 영업이익에 집중하는 것이 좋다는 것이다. 영업활동을 통해 벌어들이는 부분이 실제 회사의 활동성을 보여주기에 더 적합하기 때문이다.

　다시 삼성전자의 예로 돌아가 보자. 삼성전자가 지난 2010년 사업을 통해 판매한 총규모(상품 + 서비스)는 154조 원이며, 여기에서 매출 원가(물건을 만드는 데 들어간 원가)와 인건비, 판매비 등을 제외한 금액이 16조 원이다. 마지막으로 여기에 영업외 이익을 더하고, 영업외 비용과 세금을 제하고 나니 15조라는 순이익이 삼성전자의 품으로 남겨진 것이다.

　아울러 실적을 다루는 기사에서는 꼭 알아야 할 것이 있다. 바로 비교 기간이다. 실적은 분기(1월~3월 / 4월~6월 / 7월~9월 / 10월~12월)별로 발표하기도 하고, 연도별로 하기도 한다. 가장 중요한 것은 역시 직전 기간보다 실적이 얼마나 증가 또는 감소했냐는 것이다. 분기별 실적 기사에서는 직전 분기, 또는 전년도의 같은 기간에 비해 얼마나 증가했나, 감소했나를 비교하고 연도별 실적 기사에서는 전년도가 주 비교 대상이 된다.

● 매출 원가

기업은 영업 활동을 하기 위해 상품 또는 원재료 등을 구입해 제품으로 만들어 낸다. 이 비용 중에서 물품을 구입하거나, 또는 원재료를 구입한 비용을 매출 원가라고 한다. 즉 제조원가를 가리키는 것이다.

● 매출 총이익

매출액에서 매출원가를 제한 비용이 바로 매출 총이익이다. 매출액이라는 수익에서 매출 원가라는 비용을 뺀 이익을 가리키는 것이다. 생산된 제품 또는 매입한 상품의 판매액에서 판매된 제품 또는 상품의 원가 총액을 뺀 것이라고 이해하면 쉽다. 영업이익이란 결국 매출 총이익에서 판매비, 인건비 등을 뺀 것이다.

09

농심, 너구리와 신라면으로 라면시장을 독점하다?

– 독과점시장과 과점시장의 차이

농심의 라면시장 독주가 계속 이어지고 있다. 업계에 따르면 농심
의 지난해 라면시장 점유율이 67.7%로 전년에 비해 2%포인트 늘
어난 것으로 나타났다. 이에 반해 한국야쿠르트는 시장점유율이
2000년 7.6%에서 지난해 6.8%로, 빙그레도 4.2%에서 3.3%로
하락했다. 2, 3위권인 오뚜기와 삼양식품은 지난해 각각 11.1%의
점유율로 전년과 비슷한 수준인 것으로 조사됐다. 농심의 독주가
이어지는 것은 '신라면'의 매출이 꾸준히 늘고 있는 데다 용기면
들도 판매 호조를 보이고 있기 때문이다. 농심은 막강한 자본력을
앞세워 공격적인 판촉과 유통망을 확대하는 등 독점적인 지위를
강화하고 있다.   – 2002년 1월 –

농심은 2조 원의 매출을 바라보는 굴지의 식품 기업으로 성장했
다. 특히 새우깡과 같이 이름만 들으면 모두 아는 스낵과 국민 라
면으로 대표되는 신라면이 농심의 주력 제품이다.
농심은 든든한 재무와 유동성을 가지고도 사업 확장에서는 소극
적인 전략을 고수해왔다. 십여 년간 놓쳐 본 적 없는 시장 1위라는
공고한 위치와 도전보다는 안정을 추구하는 기업 경영 스타일이
이런 문화를 만들어 온 것으로 풀이된다. 하지만 농심의 탄탄대로
가 위기를 맞았다. 주력 제품인 라면 시장에서 새롭게 등장한 '하
얀 국물 라면' 돌풍에 발빠르게 대응하지 못하며 시장점유율이 급
락하기 시작했다.   – 2012년 8월 –

농심은 2000년대 초반부터 70% 내외의 라면 시장점유율을 확고히 지켜
오고 있다. 사실상 라면 시장을 독점하고 있다고 해도 과언이 아니다.

한 기업이 특정 시장에서 독점적 위치를 차지하고 있는가를 판단하는 공정거래위원회는 이미 기사가 보도된 2002년부터 농심을 시장 지배적 업체로 주시하고 있다며 가격 남용이나 신규업체 진입방해 등 독점적 지위를 남용할 경우 직권 조사에 들어갈 것이라는 입장을 밝혔다. 농심은 이에 대해 라면 시장에서 매년 점유율이 높아지는 것은 다른 업체들이 부진하기 때문이라고 해명했다.

독점적 위치를 구분하는 기준은 무엇일까. 독점이란 시장에서 물건을 공급하는 기업이 하나밖에 없는 경우를 뜻하며, 그 기업과 경쟁할 만한 대체 기업이 없는 상태로 사실상 시장을 하나의 기업이 좌지우지하는 경우를 말한다. 라면시장에서 농심의 영향력이 대표적인 예다.

특정 시장에서 한 기업이 시장 전체를 지배하면 어떤 결과를 가져올까. 기업의 임의대로 바로 공급량을 줄여 시장 가격을 결정할 수 있다. 즉 가격 인상을 마음대로 할 수 있는 독점적 지위가 주어지는 것이다. 물론 전력이나 도시가스, 상하수도 서비스같이 불가피하게 독점시장이 형성될 수밖에 없는 경우도 있다. 예시와 같은 사업은 초기 투자비가 엄청나게 들어가지만 사업이 자리 잡히면서 추가 비용이 별로 들지 않아 어느 순간부터는 큰 이윤을 남기는 알짜 업종이 된다. 물론 농심 같은 식음료 사업은 예외다.

농심은 신라면의 후속 제품인 '신라면 블랙'을 출시하는 과정에서도 '가격 논란'의 중심에 섰다. 신라면 블랙의 가격은 기존 신라면보다 2.3배 비싼 것으로 조사됐다. 농심은 이에 대해 신라면 블랙이 우골 설렁탕에서 착안해 맛과 영양을 강화한 '명품 제품'이라고 설명했지만, 정작 라면에 적지 않은 가격을 지불해야 하는 소비자들은 당황할 수밖에 없었다.

과점이란 말 그대로 몇 안 되는 기업이 공급의 대부분을 장악하는 것을 가리킨다. 어떤 의미에서 보면 독점과 비슷한 구조로 볼 수 있는데, 독점은 한 기업이 시장을 지배하는 반면 과점은 몇몇 기업이 시장을 장악한다는 차이가 있다. SK텔레콤과 KT, LG유플러스 등 3개의 대기업이 경쟁하고 있는 통신시장을 과점시장으로 볼 수 있다. 통신시장은 초기 투자비용이 엄청나게 들어가는 반면 관리 비용은 초기 투자비용에 비해 그다지 많이 들어가지 않는다.

과점시장에서는 담합이 이뤄지기 쉽다. 경쟁업체끼리 합의해서 업체 간 과열 경쟁을 피해 손해를 보지 말자고 약속하는 것이 담합이다.

독과점이란 독점과 과점을 합친 단어로 우리나라에선 점유율이 지나치게 높거나 경쟁자가 별로 없는 사업, 즉 시장 지배적 사업에서 발생한다. 1981년부터 '독점규제 및 공정거래에 관한 법률'을 시행해 특정 상품이 몇몇 기업에 의해 독점이나 과점되는 것을 규제해 오고 있다. 공정거래위원회에서는 이 법을 통해 시장 지배적 사업자를 판단하고 있다.

독과점하고 있는 사업자를 가려내기 위해서는 시장점유율, 진입 장벽의 존재와 정도, 경쟁 사업자의 상대적 규모 등을 종합적으로 고려해야 한다. 공정위가 판단하는 독과점의 기준은 시장점유율이 1개사 50% 이상이거나 상위 3개사의 합계가 75% 이상이다.

1999년 4월 1일부터는 시장 지배적 사업자를 사전에 지정하지 않고, 시장 지배력의 추정 요건만을 명문화한 다음, 실질적으로 시장 지배력을 행사했는지 유무에 의해 사후에 판단하도록 제도를 바꾸었다. 때문에 농심은 라면 시장에서 70%를 유지하면서도 이렇다 할 규제를 받지 않았다.

독과점적 위치를 유지하고 있는 기업은 그만큼 성장할 가능성도 높다.

아무래도 가격을 효율적으로 조정할 수 있기 때문이다. 독과점적 위치를 차지하고 있는 기업들이 성장한 사례도 쉽게 찾아볼 수 있다. 기아차를 흡수해 국내 자동차 시장의 80% 이상을 차지하고 있는 현대기아차그룹과 반도체시장을 장악하고 있는 삼성전자가 대표적인 예다.

하지만 독과점시장을 형성해 유리한 위치에서 사업을 진행하고 있는 기업들도 시장 경쟁에서 밀리면서 무너지는 예를 최근 들어 볼 수 있다. 농심에서 야심차게 내놓은 신제품인 '신라면 블랙'이 대표적이다. 고급화 전략을 통해 이례적으로 높은 가격을 책정해 눈길을 끌고 '건강에 좋은 완전식품' '설렁탕 한 그릇'이라는 표현으로 소비자들에게 어필하고 나섰지만 그 노력은 수포로 돌아갔다. 소비자들이 높은 가격만큼의 가치를 느끼지 못했기 때문이다. 결국 신라면 블랙은 4개월 만에 생산 중단이라는 비극을 맞게 된다. 물론 이후에 가격을 조정해 다시 생산하기 시작했지만 이전 신라면만큼 소비자들의 관심을 많이 받지는 못하고 있다.

필수경제용어

● 완전경쟁시장

독점시장의 반대가 완전경쟁시장이다. 완전경쟁시장은 시장 내에 공급자와 수요자가 매우 많은 경우, 공급자가 시장에 자유롭게 진입하거나 퇴출할 수 있는 경우, 수요자와 공급자가 모두 완전한 정보를 가지고 있는 경우 등을 만족하는 시장을 의미한다. 완전경쟁시장에서 가장 유리한 위치에 있는 사람은 다름 아닌 수요자다. 기업끼리 경쟁을 해 낮은 가격에 좋은 품질의 상품을 내놓기 때문이다.

● %와 %포인트(p)의 차이

시장점유율같이 비율을 나타내는 지표를 이해하기 위해서는 그 단위가 되는 %와 %의 변화를 나타내는 '%포인트'를 정확하게 이해하고 있어야 한다. %는 백분율로 100을 기본으로 할 때 얼마의 비중을 차지하고 있느냐를 나타내는 단위다. 앞의 기사에서도 농심이 라면 시장에서 얼마만큼의 시장점유율을 차지하고 있느냐를 나타낼 때 사용됐다. 전체 라면 시장이 100이라면 농심은 70% 이상의 시장점유율을 기록하고 있다.

%포인트란 %의 증가분을 나타낸 것이다. 만약 농심의 라면 시장 점유율이 2010년 68%에서 2011년 70%로 늘어났다면 2%포인트 늘어났다고 표현한다. 이때 2%가 늘어났다라고 표현하면 틀린 표현이 된다. 68%의 2%는 약 1.3%이기 때문에 전혀 다른 값이 나온다.

%와 %포인트를 정확하게 이해하고 사용할 줄 알아야 경제기사를 읽을 때 이해가 된다.

● 공정거래위원회

독점 및 불공정거래에 관한 사안을 심의·의결하기 위해 설립된 국무총리 소속의 중앙행정기관이자 합의제 준사법기관. 주요 업무는 독과점 사업자의 시장 지배행위의 남용 규제, 기업 결합의 제한 및 경제력 집중의 억제, 부당한 공동행위 및 사업자 단체의 경쟁제한 행위의 규제, 불공정거래행위 및 재판매가격 유지행위의 규제, 부당한 국제계약의 체결 제한, 경쟁 제한적인 법령 및 행정처분의 협의·조정 등 경쟁촉진정책에 관한 사항 등이다.

신혼시대

_ 금리와 물가 & 금융

01 돈이 돈을 번다. 금리란 무엇일까?

02 경기냐 물가냐 그것이 문제로다, 한국은행 딜레마에 빠지다

03 시중금리는 어떻게 정해질까?

04 변동금리와 고정금리, 내게 유리한 이자는?

05 은행을 먹여 살리는 주택담보대출?

06 CD금리 조작? 국내 은행들의 대형 스캔들

07 못다 이룬 '메가뱅크(대형은행)'의 꿈

08 'CB + IB = CIB'는 수학 공식?

09 어떤 은행에 돈을 넣어야 안전할까?

10 금융회사에도 형과 아우가 있다?

예금이자에 웃고 대출이자에 울고

'삼겹살이 금(金)값'이라는 말이 얼마 전까지 유행이었다. 이 말을 무시하지 못할 곳이 있다. 바로 '한국은행'이다. 삼겹살이 금값이라는 말이 계속되면 한국은행이 금리를 올릴 수밖에 없는 사연, 도대체 어떤 이유일까. 금리와 물가, 경제는 어떤 관계에 있는지 알아보고 나아가 금융기관들에 대해 파악해 보자.

돈이 돈을 번다.
금리란 무엇일까?
– 금리의 의미와 역할

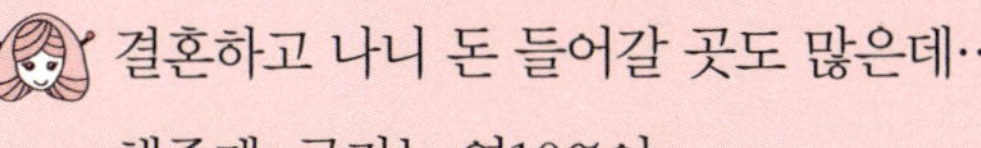

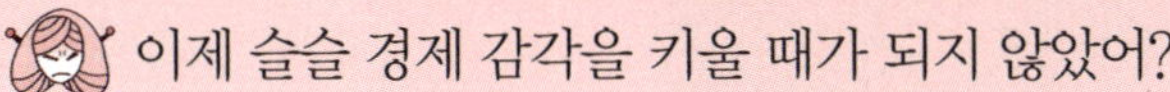

자기야 나 이번 달 용돈이 떨어졌는데.

결혼하고 나니 돈 들어갈 곳도 많은데……. 그러면 용돈은 대출 해줄게. 금리는 연10%야.

부부끼리 무슨 대출이야? 금리 10%면 얼마를 갚아야 한다는 거야?

이제 슬슬 경제 감각을 키울 때가 되지 않았어?

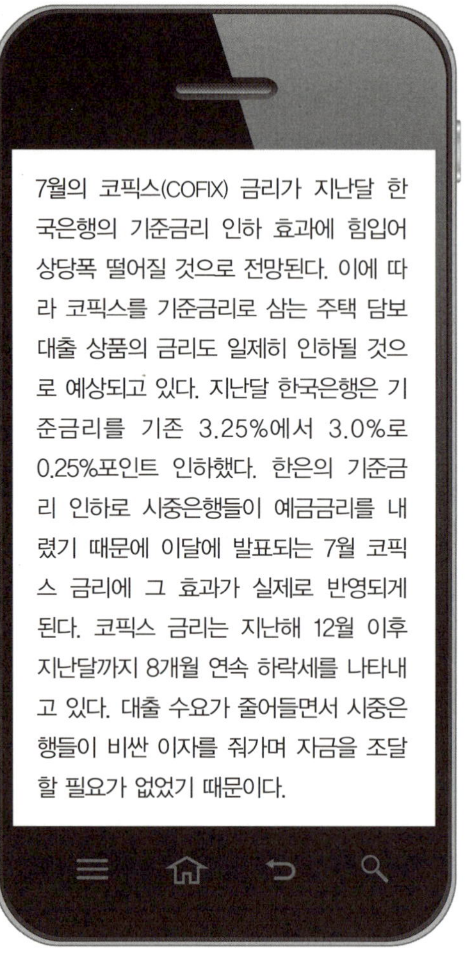

7월의 코픽스(COFIX) 금리가 지난달 한국은행의 기준금리 인하 효과에 힘입어 상당폭 떨어질 것으로 전망된다. 이에 따라 코픽스를 기준금리로 삼는 주택 담보대출 상품의 금리도 일제히 인하될 것으로 예상되고 있다. 지난달 한국은행은 기준금리를 기존 3.25%에서 3.0%로 0.25%포인트 인하했다. 한은의 기준금리 인하로 시중은행들이 예금금리를 내렸기 때문에 이달에 발표되는 7월 코픽스 금리에 그 효과가 실제로 반영되게 된다. 코픽스 금리는 지난해 12월 이후 지난달까지 8개월 연속 하락세를 나타내고 있다. 대출 수요가 줄어들면서 시중은행들이 비싼 이자를 줘가며 자금을 조달할 필요가 없었기 때문이다.

과거에는 화폐가 단순한 상품의 교환 수단으로만 기능을 발휘했다. 이에 따라 돈을 빌려주고 받는 이자는 금기시 돼 왔다. 이른바 '금리금지론'이 적용되던 때가 있었다. 하지만 역사적 문헌을 살펴보면 이미 오래전부터 '이자가 있었다'는 표현이 보인다. 돈이 돈을 낳는 운명은 어쩌면 예정돼 있었던 것으로 생각된다.

이자란 결국 돈의 사용료를 말한다. 돈을 빌리는 대가로 지불하는 비용이 바로 이자다. 금리란 그 이자를 비율로 표현한 것이다. 즉 '이자율 = 금리'로 정리할 수 있다. 금리는 다른 말로 수익률, 할인율이라고도 한다. 내가 누군가에게 돈을 빌려준다면 이자를 받을 수 있고, 또 내가 다른 사람으로부터 돈을 빌린다면 이자를 지불해야 한다.

그렇다면 경제기사에서 금리는 어떻게 나타날까.

기사를 보면 은행이 기업에게 돈을 빌려줄 때 적용하는 이자율인 기업 대출 금리는 내린 반면, 가계에 돈을 빌려줄 때 적용하는 이자율인 가계대 출 금리는 별다른 변화가 없었던 것을 알 수 있다. 기업들이 자금을 빌려 쓸 수 있는 환경은 좋아진 반면 가계의 대출은 상대적으로 어려워진 것이다.

그렇다면 금리는 어떻게 표현할까. 우리나라의 금리는 1만분의 1인 0.01%까지 표시한다. 금리 체계의 기준이 되는 기준금리나 은행 이자를 말할 때는 %로 나타낸다.

앞의 챕터에서 한 번 설명한 적이 있지만 %와 % 의 차이는 %포인트(%p)를 사용한다. 예를 들어 대출금리를 5.5%에서 5.25%로 조정했다면 0.25%포인트 인하했다 고 표현할 수 있다.

이와 함께 금리를 표현할 때 사용하는 베이시스 포인트도 알아둘 필요 가 있다. 베이시스 포인트(bp)는 1백분의 1을 뜻한다. 따라서 '0.25%포인 트 인하'를 '0.25bp 인하'로 표현할 수 있다.

금리를 다시 한 번 정의하자면 현재의 소비를 포기하면서 어떠한 위험 없이 얻을 수 있는 수익률 + 그 위험을 부담하는 대가로 얻을 수 있는 수익 률이다.

여기서 위험도를 측정할 때 가장 중요한 것은 역시 차입자, 즉 빌리는 사 람의 신용도다. 아무래도 가계보단 기업의 신용도가 높아 금리가 낮게 적 용되는 경우가 많으며, 기업 중에서도 중소기업보단 대기업의 신용도가 높 으므로 싼 이자로 자금을 빌릴 수 있다. 이것이 바로 차입자, 즉 빌리는 자 의 신용도와 금리와의 상관관계다.

금리는 항상 똑같은 메커니즘으로 움직이지 않는다. 금리는 현재의 경제 상황, 향후 경기 방향, 국제시장의 동향 등 다양한 요인이 반영돼 결정된다. 또한 은행들의 담합으로 금리가 시장의 흐름에서 벗어나는 경우도 종종 볼 수 있다.

필수경제용어

● 예대금리차

예대금리차란 대출금리에서 예금금리를 뺀 것으로 예대마진이라고도 한다. 은행은 영리를 목적으로 운영되는 곳이기 때문에 이익을 보장하기 위해 대출금리를 보다 높게 책정하고 있다. 그래서 대부분의 경우 대출금리가 예금금리보다 높다. 예대마진은 결국 금융기관의 수입과 직접적으로 연결되며 예대마진이 늘어나면 금융기관의 수입은 그만큼 늘어나게 된다.

경기냐 물가냐 그것이 문제로다, 한국은행 딜레마에 빠지다
– 한국은행의 최우선목표는 물가안정

이제 금리에 대해서는 잘 알겠는데 내 용돈 대출 금리는 좀 낮춰주면 안 될까?

안 돼. 한국은행이 기준금리를 인상한다는데, 금리를 낮춰줄 수는 없지.

한국은행하고 내 용돈하고 무슨 상관이야?

아직 멀었군. 기준금리는 우리나라 모든 물가와 연동된다는 것을 모른단 말이야?

지난달 금리를 깜짝 인상했던 한국은행 금융통화위원회가 기준금리를 3%로 동결했다. 김중수 한국은행 총재는 12일 "지난달 소비자물가 상승률이 4.7%에 이를 만큼 물가가 치솟고, 당분간 높은 오름세가 지속될 가능성이 있다"면서도 "수개월간 추진된 금리 인상의 영향과 국내외 여러 변화의 추이를 살펴보는 게 좋겠다고 판단했다"고 금리 동결 배경을 설명했다.

지난달에 이어 두 달 연속 기준금리를 올릴 경우 시장의 충격과 서민층의 부담이 커질 수 있다고 판단했기 때문으로 분석된다. 현재 가계부채 규모는 900조 원에 이르는 것으로 집계되고 있다. 이런 상황에서 금리를 또 올릴 경우 서민층이 물가 급등과 이자 부담 증가라는 이중고를 겪을 수밖에 없어 한국은행이 속도 조절에 나선 것으로 풀이된다.

- 2011년 4월 -

한국은행이 기준금리를 1년 1개월 만에 연 3.00%로 인하했다.

한국은행 금융통화위원회는 12일 오전 정례회의를 열고 기준금리를 기존 연 3.25%에서 0.25%포인트 낮춘 연 3.00%로 결정했다고 밝혔다. 이로써 기준금리는 지난해 6월 이후 1년 1개월 만에 내려가게 됐다.

한은 금통위의 이번 인하 결정은 유로존(유로화 사용국) 재정위기가 지속되는 가운데 실물 경기침체에 대한 부담이 커졌기 때문으로 분석되고 있다.

- 2012년 7월 -

한국은행 홈페이지를 들어가 보면 가장 처음 볼 수 있는 단어가 있다. 바로 물가안정이다.

2008년 글로벌 금융위기 이후 경기 침체가 지속되면서 한국은행은 저금리 정책 기조를 유지해 왔다. 한국은행이 저금리 정책을 지속해 온 이유는 무엇일까. 간단히 말하면 시중에 자금을 많이 풀어 경기를 부양하기 위해서다.

● 한국은행 홈페이지

한국은행은 금리 체계의 기준이 되는 중심 금리인 기준금리를 정하는 역할을 맡고 있다. 시장에서의 각종 금리는 이 기준금리에 따라 움직인다.

한국은행은 한 달에 한 번씩 회의(금융통화위원회, 금통위)를 열어 그때그때의 경제 상황에 맞게 기준금리를 올리거나 내림으로써 또는 그대로 유지함으로써 통화량을 조절하는 역할을 한다.

기준금리에 대해서는 뒷부분에서 보다 구체적으로 언급하기로 하고, 그동안 한국은행은 기준금리를 낮은 수준으로 유지해 통화량이 확대되는 정책을 펼쳤다. 쉽게 말해 대출이자가 낮았기 때문에 개인이나 기업들은 돈을 상대적으로 많이 빌려 썼고, 예금이자도 낮기 때문에 금융기관으로 돈이 덜 들어와 시중에 돈이 많이 풀리게 된다.

일반적으로 한국은행이 이러한 정책을 취하는 이유는 경기 회복을 위해서다. 가계와 기업의 주머니가 계속 닫히게 되면 생산 역시 줄어들고 경제 상황 역시 회복세를 나타내기 힘들다.

한국은행이 계속 저금리 기조를 유지하다가 금리 인상을 선택하게 되는 순간이 왔다. 2010년 7월 9일 열린 금융통화위원회에서 기준금리를 연 2%

에서 2.25%로 0.25%포인트 인상하기로 결정한 것이다. 지난 2008년 8월 이후 23개월 만이다.

2009년 2월까지 6차례에 걸쳐 금리 인하를 단행해 기준금리를 2%로 낮춘 뒤 16개월 연속 금리를 동결해 왔다. 무려 16개월간 유지했던 기준금리 연 2%는 사상 최저치였다.

한국은행이 2.25%로 금리를 23개월 만에 올리기로 했던 때는 물가가 급등세를 보이던 시기였다. 2010년 6월 생산자물가는 17개월 내 최고 수준으로 체감 물가는 더욱 높았다. 시중에 돈이 많이 풀려 경기가 어느 정도 회복된 것으로 보였지만 한국은행의 최우선 목표인 물가안정에 비상이 걸린 것이다. 한국은행이 딜레마에 빠지게 되는 이유다.

경기를 회복시키기 위해 저금리 기조를 유지하려다가 본연의 역할인 물가안정을 소홀히 하게 된 것이다. 시중에 돈이 많이 풀리다 보니 어느새 물건 가격이 올라 소비자들의 목을 죄어오기 시작했다.

한국은행은 물가를 안정시키기 위해 부리나케 금리를 인상하고 나섰지만 금리 동결기간 동안 불어난 부채, 빚 때문에 쉽게 올리지도 못했다. 대출자들이 늘어나는 대출이자를 감당하기엔 그 규모가 너무 컸기 때문이다.

한국은행의 역할이 중요하다는 이야기는 여기에서 나온다. 기준금리를 정하고, 그 기준금리를 통해 경기 회복 또는 물가안정을 이뤄내는 것이 한국은행의 역할이다. 그런데 그 역할을 적절히 수행하지 못하면 시장은 물론 국민들까지 혼란에 빠진다.

　앞의 기사로 돌아가 보면 한국은행의 딜레마가 여실히 드러난다. 한국은행은 금리 동결과 금리 인상 사이에서 엄청난 고민을 하고 있다. 금리를 올리자니 대출이자를 갚아야 할 기업과 가계가 걱정되고, 금리를 동결하자니 뛸 대로 뛴 물가를 잡을 길이 없는 것이다. 2011년 4월에는 결국 고민을 거듭하다 금리 동결이라는 선택을 내린다. 대출이자를 갚아야 할 사람들은 안도의 한숨을 내쉬었겠지만 뛰는 물가로 고민하는 소비자들은 한숨이 더욱 깊어졌다.

● 기준금리

기준금리는 구체적으로 말하면 '7일물환매조건부채권금리'다. 환매조건부채권(RP, repurchase agreement)은 금융기관이 일정 기간 뒤에 확정된 금리를 주고 다시 사는 조건으로 발행하는 채권이다. 주로 금융기관이 보유한 국공채나 특수채 등을 담보로 발행하기 때문에 안전 자산에 속한다. 은행, 증권사 등 금융사가 일반인에게 직접 파는 RP도 있고 한국은행과 시중은행 사이의 유동성을 조절하는 수단으로 활용되는 RP도 있다. 즉 기준금리란 한국은행이 RP를 거래할 때 적용하는 금리를 가리키는 것이다.

2008년 3월 전까지는 콜금리를 기준금리로 정했다. 콜이란 일시적으로 자금이 부족해진 금융사가 다른 금융사로부터 하루짜리 단기 대출을 받는 것이다. 한국은행은 1999년 이후부터 기준금리를 RP로 바꾸었다. 즉 기준금리를 하루짜리 채권 이자에서 일주일짜리 채권 이자로 바꿔 적용한 것이다.

● 금융통화위원회(금통위)

한국은행을 출입하는 기자들이 가장 긴장하는 날이 있다. 바로 금융통화위원회가 열리는 날이다. 금융통화위원회란 통화신용정책과 한국은행 내부 운영에 관한 주요 사항을 심의하고 의결하는 최고 정책결정기구다. 경제기사에서는 대부분 한 달에 한 번 기준금리를 결정하는 날을 언급한다. 매달 둘째, 넷째 주 목요일에 정기의회를 열며 둘째 주 회의에서 기준금리를 정하고, 넷째 주 회의에서는 공개시장 조작, 한국은행 여수신 등 통화신용정책과 한국은행 내부 운영에 관한 주요 사항을 결정한다. 금통위에는 한국은행 총재와 관계 수장들이 추천한 금통위원 5명이 참석한다.

시중금리는 어떻게 정해질까?

– 시중금리 결정 과정 이해하기

 이제 자기 용돈은 당분간 동결이야.

 왜! 왜 도대체 내 용돈만 가지고 그래?

 기준금리가 올라가니까 드디어 시중금리도 움직이기 시작했어.
우리 전세대출금의 금리도 따라서 올라갈 거니까, 긴축 재정을
해야 해.

 그러면 내가 돈을 못 쓰니까 술값은 내려야 하는데 왜 술값은
내리지 않는 거야?

〈앵커 멘트〉

금융통화위원회가 이번주에 기준금리를 결정하게 됩니다. 금통위가 기준금리를 올릴 것이라는 예상이 주를 이루고 있는데요, 시중 은행들이 금통위가 열리기도 전에 이미 대출금리를 인상하고 있어서 가계의 부담이 커지고 있습니다. OOO 기자입니다.

〈리포트〉 이번주 목요일, 기준금리 결정을 위한 한국은행 금융통화위원회가 열립니다. 금통위가 지난 1월 기준금리를 0.25%포인트 올린 데 이어 이번 달에 또 금리를 올릴 거라는 예상이 주를 이루고 있습니다. 물가가 두 달 연속 4%를 넘었기 때문입니다. 기준금리 인상을 예상한 시중금리는 이미 상승세를 타고 있는데요, 그중에서도 주택 담보대출의 경우, 하나은행은 최고 연 6.64%를 넘어섰습니다. 국민은행과 신한은행도 6.2%대를 넘어서며, 연초보다 금리를 0.4%p 정도 인상했습니다. 주택 담보대출자들은 대부분 고정금리가 아닌 변동금리로 돈을 빌렸기 때문에 서민들의 이자 부담은 더욱 늘어날 전망입니다.

[인터뷰] 가계대출자

"물가도 계속 오르고 있고요. 거기에 대출금리에 대한 이자까지 오르고 있기 때문에 굉장한 부담이 되고 있어요."

한국은행에 따르면 지난해 말 가계 대출은 746조 원으로, 금리가 0.25%포인트 오를 경우 내야 할 이자 부담만 1조6천억 원 정도 늘어나게 됩니다.

앞에서 한국은행이 정하는 금리가 기준금리라는 사실을 배웠다. 사실 기준금리보다 우리 생활에 더 밀접하게 관계돼 있는 금리가 바로 시중금리다.

시중금리는 공정금리와 비교된다. 공정금리란 중앙은행이 시중은행에 돈을 빌려줄 때 적용되는 금리이고, 시중금리란 중앙은행이 아닌 일반 시중은행이 제시하는 표준적인 대출금리와 할인율을 가리킨다.

시중금리란 일반적으로는 시중은행의 대출금리를 지칭하는 경우가 많지만 보다 넓게 적용되기도 한다. 중앙은행과 정부 금융기관 이외의 민간 금융기관이 실제로 적용하고 있는 예금금리, 대출금리를 비롯해 민간 금융기관 상호 거래에 의해 형성되는 콜 이율, 할인율 등을 포괄적으로 말하기도 한다. 시중금리는 경기 동향, 금융 사정을 반영하여 변동된다. 시중금리가 오르면 시장에 자금이 적어지고, 시중금리가 내리면 시장에 자금이 풍부해진다.

시중금리는 어떻게 결정될까.

우선 한국은행의 대출금리가 기준이 된다. 각국의 중앙은행은 '은행의 은행'으로서의 역할을 수행하고 있다. 중앙은행은 은행으로부터 지급준비금을 받아들이기도 하고, 은행이 금융시장에서 자금 부족 상태에 직면하게 되면 이들에 대한 최종 대부자로서 대출을 해주기도 한다. 이때 중앙은행이 금융기관에 부과하는 금리를 공정 할인율이라고 한다. 이 공정 할인율은 단순히 중앙은행의 대출금리라는 개념 외에도 금융시장에서 형성되는 각종 금리의 기준이 된다는 점에서 매우 중요하다.

경기가 과열되었다고 판단될 경우 중앙은행은 공정 할인율 인상을 통해 시장금리의 상승을 유도하여 기업 투자가 과도하게 일어나지 않도록 함으로써 경기를 진정시킨다. 반대로 경기가 침체되었다고 판단될 때에는 공정할인율을 인하해 기업 투자를 촉진함으로써 경기를 회복시킨다.

한국은행이 시중은행에 대해 실행하고 있는 대출 제도는 총액한도대출과 일시부족자금대출로 나뉜다. 총액한도대출은 금융통화위원회가 미리 정한 총액한도 범위 내에서 금융기관별로 차입한도를 사전에 포괄적으로 배정하여 운용하는 대출이다.

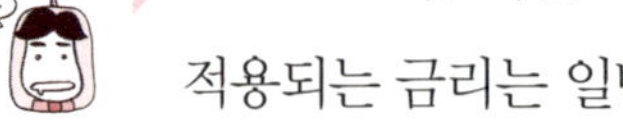

일시부족자금대출은 금융기관들이 단기적으로 자금이 부족해졌을 때 한국은행이 지원하는 자금이다. 이들 자금 중 일시부족자금을 제외한 자금들에 적용되는 금리는 일반 시중은행의 대출금리보다 훨씬 낮다.

한국은행이 시중은행과 거래할 때 적용되는 금리(기준금리)를 높이면 시중은행이 한국은행으로부터 돈을 조달받으면서 지불해야 하는 사용료가 올라가기 때문에 시중은행이 다른 은행이나 투자자에게 돈을 빌려줄 때의 금리(시중금리)도 올라가게 된다. 한국은행으로부터 5%의 이자로 빌린 돈을 시중은행이 다른 투자자나 은행에 빌려줄 때는 5% 이상의 이자로 빌려줘야 남는 장사를 할 수 있는 법이다.

결국 시중금리를 결정하는 것은 한국은행의 기준금리라고 이해하면 쉽다. 위의 방송 기사에서도 한국은행의 기준금리 인상을 미리 예측해 시중은행들이 줄줄이 시중금리(대출금리)를 올리고 나선 것을 알리고 있다.

또한 이러한 시중금리의 인상, 그중에서도 대출금리의 인상은 부채를 지고 있는 금융소비자들에게 큰 부담으로 돌아올 수 있음을 경고했다. 때문에 금융시장은 한 달에 한 번 열리는 한국은행의 기준금리 결정일인 금융통화위원회의 회의를 주목하는 것이다.

● 최종대부자

최종대부자(lender of last resort)란 금융시장에 위기가 발생했을 때 최종적으로 자금을 공급해주는 기관으로 흔히 중앙은행을 가리킨다. 역사적으로 주요 선진국들에서는 수많은 금융위기를 경험해 왔으며 그때마다 시장에 충분한 유동성을 공급해 위기를 진정시켜야 한다는 요구가 발생하였다. 이러한 요구에 부응해 독점적인 발권력을 가지고 있는 중앙은행이 최종대부자의 책임을 맡게 된 것이다.

● 지급준비금

은행이 예금자들의 인출에 대비해 예금액의 일정 비율 이상을 중앙은행인 한국은행에 예치해 놓은 자금이다. 지급준비제도에 의해 은행은 자사 고객의 저축성예금과 요구불예금 총액의 11.5%를 한국은행에 예치해야 한다. 지급준비제도는 당초 예금자들을 보호한다는 목적으로 도입됐으나 최근에는 통화 관리, 유동성 조절의 중요한 수단이 되고 있다.

● 공정할인율

시중은행이 보유한 어음을 한국은행이 할인해줄 때 적용하는 금리로, 일반은행이 할인한 어음을 다시 할인한다는 뜻에서 재할인율이라고도 한다. 일반은행은 기업이 물건을 팔고 받은 어음을 할인하는 방식으로 대출해 주고 있는데, 이 어음을 중앙은행이 다시 사줄 때 적용하는 금리가 공정할인율이다. 공정할인율을 올리고 내림으로써 시중금리가 올라가기도 내려가기도 한다.

변동금리와 고정금리,
내게 유리한 이자는?
– 변동금리와 고정금리 구분하기

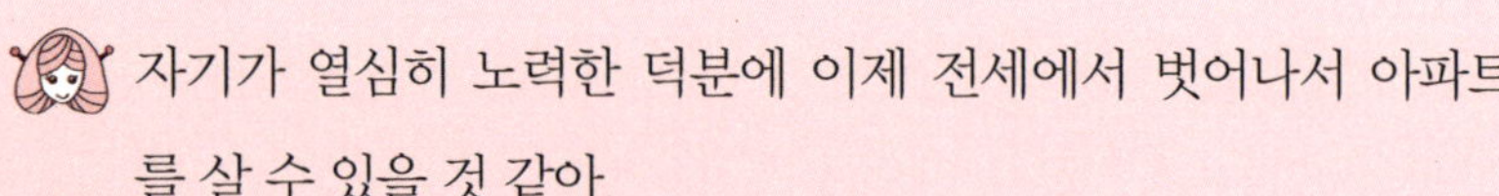

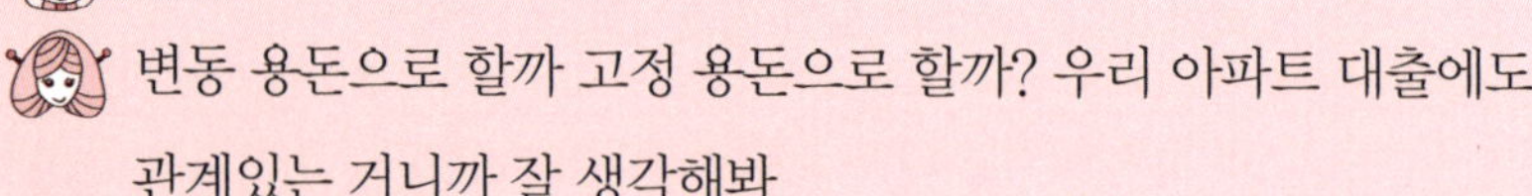

시중은행들의 대출금리 인하 행렬이 줄을 이으면서 변동금리로 갈아타는 대출자가 늘어날 것으로 전망된다.

13일 한국은행 경제통계시스템에 따르면 6월 신규 가계대출 가운데 고정금리 비중은 41.6%로 전월과 비교해 2.7% 포인트 낮아졌다. 반대로 변동금리 대출 비중은 58.4%로 늘어났다. 올해 1월부터 이어져오던 고정금리 대출 비중의 상승세와 변동금리 대출의 하락세가 6개월 만에 꺾인 것이다.

한국은행의 기준금리 인하로 코픽스(COFIX · 은행자금조달지수)가 하락하며 최근 시중은행의 변동금리 대출금리도 고정금리보다 떨어지고 있다.

일부 시중은행의 경우 고정금리가 변동금리보다 소폭 낮은 곳도 있지만 조만간 한은의 기준금리 인하가 반영된 코픽스금리가 발표되면 상황은 달라질 것으로 보인다.

은행업권 관계자는 "대출금리 인하가 예상되며 기존 고정금리에서 변동금리 대출로 갈아타려는 고객들이 늘어날 것으로 예상된다"고 말했다.

일반적으로 우리(가계)가 은행에서 돈을 빌리면 가계대출이라고 한다. 이 가계대출에서 중요한 것은 역시나 금리다. 대출에 적용되는 금리 체계는 고정금리와 변동금리 두 가지로 나뉜다. 말 그대로 고정금리란 돈을 갚는 기간에 처음 은행으로부터 돈을 빌릴 때 정해진 금리로 계속 갚아나가는 것이고, 변동금리란 이자율이 고정돼 있지 않고 기준금리에 따라 변하는 것을 말한다.

그렇다면 실생활에서 고정금리와 변동금리는 어떻게 적용되고 있을까. 가계부채가 곧 1000조 원에 달할 것으로 예상되는 시점에서 어떤 금리가 선호되고 있는가는 매우 중요한 문제다. 경제기사를 보면 가계부채와 연결해서 금리 문제가 많이 다뤄지고 있다. 실제 경제생활을 하는 금융소비자들에게 변동금리 또는 고정금리 중 어떤 것을 선택해 자금을 빌리는가는 손실과 이익에 직접적인 영향을 준다.

변동금리에 가장 큰 영향을 주는 것은 CD금리다. CD(certificate of deposit)란 시장에서 팔고 사는 것이 가능한 정기예금 증서를 가리킨다. 은행이 자금이 부족할 때 자금을 마련하기 위해 CD를 발행하고, 투자자들은 투자를 목적으로 CD를 사들인다. CD는 다른 정기예금 증서와는 다르게 만기 이전에 다른 투자자에게 팔 수 있다. 수출입은행을 제외한 시중은행, 지방은행, 특수은행, 외국계은행 지점 등이 CD를 발행해 자금을 조달할 수 있다.

만기는 30일 이상이며 3개월물이나 181일물 금리가 대표적이다. 단기간에 정기예금 수준의 이자를 받으면서도 만기 이전에 현금화할 수 있다는 장점이 있으나, 예금자보호법의 보호를 받지 못하기 때문에 은행이 망하면 투자한 돈을 회수하지 못할 수도 있다.

이러한 CD금리는 가계 대출자들에게 매우 중요한 영향을 미친다. 우리나라 은행들 대부분이 변동금리형 주택담보대출에 적용하는 기준금리를 CD금리로 삼는 경우가 많기 때문이다. 따라서 CD금리의 변화는 변동금리형 주택담보대출에 직접적인 영향을 미친다. CD금리가 상승하면 주택담보대출금리도 동반 상승해 변동금리로 은행에서 돈을 빌린 사람들의 이자 부담이 자연히 높아지게 된다. 반대로 CD금리가 하락하면 변동금리로 은행에서 돈을 빌린 사람들의 이자 부담도 줄어들게 된다.

그렇다면 변동금리와 고정금리 중 어떤 금리를 선택하는 것이 유리할까? 둘 중 어떤 것이라고 정확하게 꼬집어 말할 수는 없다. 예를 들어 2008년 글로벌 금융위기 때 정부의 이상한 금리 정책 탓에 많은 가계 대출자들이 손해를 본 적이 있다. 금융위기 이후 CD금리가 급등하자 정부가 고정금리로 갈아타라고 적극 권고하고 나서기 시작한 것이다. 그러나 이후 한국은행은 경기 부양을 위해 저금리 정책으로 돌아섰고, 기준금리를 낮추면서 CD금리도 내려갔다. 변동금리를 유지했더라면 이자 부담을 덜었을 텐데, 고정금리로 갈아타면서 금융위기 때 적용되던 이자를 그대로 부담하게 됐던 것이다.

반대로 현재까지 최저 금리가 유지돼 왔고 앞으로 금리 인상 정책이 제시될 것이라고 생각되는 때에는 고정금리를 선택하는 것도 나쁘지 않다.

보다 세부적으로 살펴보면 고정금리의 장점은 금리가 확정적이기 때문에 금리 변동에 신경을 쓰지 않아도 된다는 것이다. 대출 후 금리가 큰 폭으로 상승했을 경우에는 변동금리보다 유리하다. 다만 대출 초기 금리가 변동금리보다 1%가량 높은 편이란 단점이 있다. 때문에 향후 금리가 상승할 것으로 예상 되는 경우에 선택하는 것이 바람직하다.

반대로 대출 후 금리가 큰 폭으로 하락할 경우에는 변동금리를 선택하는 것이 낫다. 다만 변동금리는 금리가 불확정적이기 때문에 안정적인 생활을 설계하기가 어렵다는 단점이 있다.

사실 변동금리와 고정금리 중 어떤 대출 상품이 더 좋은 상품이라고 판단하기는 힘들다. 다만 대출자로서 대출 상품을 결정하기 전에 각각의 은행 상품을 좀 더 신중히 비교하고, 정부의 금리 정책과 경기상황 등을 예측해 고정금리에서 변동금리로, 혹은 변동금리에서 고정금리로 전환을 고려하는 것이 현명한 방법이다.

새 주택 담보대출 기준인 코픽스(COFIX, cost of funds index)금리에 대해서도 알 필요가 있다. 코픽스는 은행들이 조달하는 자금의 금리 중 하나라고 보면 된다. 그동안 담보대출금리의 기준이 돼 왔던 CD금리가 실제 은행들의 조달 비용을 반영하지 못한다는 지적이 제기되면서 새롭게 선보이게 된 것이 코픽스금리다.

농협, 신한, 우리, SC제일, 하나, 기업, 국민, 외환, 씨티 등 9개 시중은행의 정기예금과 상호부금, CD, 주택부금, 금융채 등 8개 상품의 금리를 가중 평균해 산출한다. 코픽스에는 조달 자금 잔액에 적용된 금리의 가중 평균인 '잔액 기준 코픽스'와 월 중 신규로 조달한 자금에 적용된 금리의 가중평균인 '신규취급액 기준 코픽스'가 있다.

은행연합회는 각 은행의 자금조달총액과 가중평균 금리 등의 정보를 취합해 월말 잔액 기준과 월중 신규취급액 기준의 코픽스를 산출해 홈페이지를 통해 매달 15일 오후 3시 이후에 공시를 통해 알린다.

필수경제용어

● **원리금 균등(분할)상환**

매월 상환되는 금액이 같고, 그 금액에서 이자를 먼저 계산하고 나머지를 원금으로 상환하는 방식이다. 예를 들어 1억 원을 6.43%의 이율에 거치 기간을 두지 않고 15년간 원리금 분할 상환으로 상환할 경우 매월 86만7260원을 15년간 상환하면 된다. 만약 중도 상환하게 되면 납입해야 할 원리금 부담액도 자연히 줄어든다.

● **만기 일시상환**

만기일에 한꺼번에 원리금을 갚는 방식이다.

은행을 먹여 살리는 주택담보대출?

– 주택담보대출의 기능과 관련 금리 구조 알기

주택담보대출 잔액이 올해 1월부터 5월까지 4조6000억 원 늘어난 것으로 집계됐다. 한국개발연구원(KDI)이 26일 발표한 '2분기 부동산 동향 분석'에 따르면 주택담보대출 잔액이 지난해 4분기 389조2000억 원에서 지난 5월말 현재 393조8000억 원으로 증가했다. 주택담보대출 금리(4.85%)는 올 들어 소폭 하락하는 추세를 보이고 있다. 하지만 주택담보대출 연체율(0.9%)은 집단대출 연체율(1.7%)을 중심으로 상승세를 나타냈다. 주택담보대출 연체가 늘어난 것은 주택가격 하락 등으로 인한 분양가 인하, 분양계약 무효·취소 소송, 시행·시공사의 자금사정 악화로 인한 집단대출 연체율 상승 때문이다. KDI는 "총부채상환비율(DTI)과 주택 담보대출비율(LTV) 규제는 부동산 시장뿐만 아니라 거시경제 및 금융시장 전반에 미치는 영향이 크다"며 "금융시장의 위험관리 측면에서 DTI 와 LTV의 상호 관계 그리고 모기지 보험의 역할을 규명할 필요가 있다"고 밝혔다.

앞에선 금리에 대해 집중적으로 살펴봤다. 이번에는 대출에 대해서 알아보자. 은행들은 다양한 자산을 담보로 잡고 개인 또는 기업에 대출을 해주고 있다. 그중에서도 가장 큰 비중을 차지하는 것은 주택담보대출이다. 주택담보대출이란 주택을 사는 과정에서 그 주택을 담보로 제공하고 일정 규모의 돈을 빌리는 것이다. 주택의 규모에 따라, 개인의 신용도에 따라 빌리는 규모는 달라진다.

은행 가계대출에서 주택담보대출의 비중은 70%를 넘는다. 2009년 1분기 63%를 넘어선 데 이어 2010년에는 65%를 초과했다. 거의 절대적인 비중이라고 하겠다. 주택담보대출에 대한 이자 수익이 은행 수익에 가장 큰 영향을 미친다고 해도 과언이 아니다. 때문에 주택담보대출의 금리에 대해 시장에서 매우 민감하게 반응한다.

저금리 정책을 고수했던 한국은행이 나날이 치솟는 물가와 가계부채 급증에 대한 부담으로 2011년 들어 기준금리를 인상하기 시작했다. 기준금리가 인상되자 자연히 시중금리 역시 올라가게 되었다. 기준금리 인상과 가장 밀접하게 연결돼 움직인 것은 다름 아닌 주택담보대출 금리다.

통화 정책을 세우는 한국은행이 금리를 올린 속내는 무엇일까. 시중에 돈이 풀려 물가가 무한정 오르는 것을 막는 동시에 가계에 대한 이자 부담을 늘려 장기적으로 가계부채 규모를 줄여보겠다는 의도로 풀이된다.

돈이 집을 사고 남을 만큼 있어도, 이자가 낮기 때문에 일부러 대출을 받아 집을 사는 사람들이 있다. 은행들 역시 좋은 조건으로 대출자들을 늘려갔고, 우리나라는 가계부채가 2012년 7월 현재 1000조 원이 넘는 '부채의 나라'가 됐다. 한국은행도 같은 기간 국민 1인당 1년에 48만 원이 넘는 이자를 내고 있다는 통계를 발표했다. 4인 가족 기준으로 200만 원 가까이 되는 규모다. 우리나라 가계 빚이 그만큼 많다는 의미다.

개인 금융부채를 사상 최고로 끌어올린 것은 주택담보대출이라고 봐도 무방하다. 주택담보대출이 가계에 주는 영향은 상당히 큰 편이다. 무엇보다 원금은 갚지 못한 채 이자만 갚아나가는 가계의 비중이 크다. 한국은행은 2012년 8월 현재 주택담보대출 중에서 원금은 제외하고 이자만 갚는 대출 비중이 77%에 달한다고 밝혔다.

게다가 집값은 생각만큼 오르지 않았는데 원금까지 같이 갚아야 하는 시기가 다가오자 이자가 갑자기 늘어나 가계에 큰 부담이 되었다. 실제로 주택을 소유한 30~40대 가구 중 대출 원리금 상환 때문에 생계유지에 어려움을 겪고 있는 가구가 16%(69만2000가구)에 이른다는 자료도 있다.

30~40대가 빚더미에 눌려 경제활동에 제약을 받고 있다는 말이 과언은 아니다. 때문에 무리하게 대출을 받아 집을 사는 것은 지양할 필요가 있다는 게 금융 전문가들의 지적이다. 실제 글로벌 금융위기가 일어난 가장 큰 이유도 미국 시장에서 급격하게 늘어났던 주택담보대출의 영향 때문이다.

당장에 원금 상환이 어려운 경우라면 대출 기간을 연장해 원금 상환을 유예하거나 새로 다른 대출을 얻어 갈아타는 방법을 생각해 볼 수 있다(그러나 금융 당국에서는 가계대출을 줄이기 위해 대출 기간을 연장하는 등의 조치를 취하지 못하도록 한다는 안을 내기도 했다). 보다 본질적으로는 꾸준히 대출금을 줄여가면서 통제 가능한 수준 내로 맞추는 것이 중요하다.

● 주택담보대출비율(LTV, loan to value ratio)

은행들이 주택을 담보로 대출을 해줄 때 적용하는 담보가치 대비 최대 대출 가능한도. 즉, 집을 담보로 은행에서 돈을 빌릴 때 집의 자산가치를 얼마로 보는가의 비율을 말하며, 보통 기준시가가 아닌 시가의 일정 비율로 정한다.

만약, 주택 담보대출비율이 60%이고, 2억 원짜리 주택을 담보로 돈을 빌리고자 한다면 빌릴 수 있는 최대금액은 1억2천만 원(2억×0.6)이 된다.

모기지론(주택담보대출)은 70%까지 융자가 가능하나, 투기지역 등에서는 일정 비율(예: 투기지역 아파트 40%) 이내로 대출하도록 정부가 규제한다. 주택경기가 과열되고 은행의 담보대출 잔고가 증가하면 주택가격이 상승하는 경향이 있기 때문에 대출금액을 줄여 은행 차입으로 시장에 진입하려는 수요를 제한하는 것이다. 이러한 규제를 할 때는 부채상환율(DTI)과 함께 적용한다.

하지만 실제로 대출받을 수 있는 돈은 이보다 더 적은 것이 보통이다. 돈을 갚지 않아 담보로 잡은 주택을 경매처분하는 경우에 대비해, 방 1개당 소액임차보증금을 빼고 대출해주기 때문이다. 주택임대차보호법에 따라 세입자가 은행보다 우선권이 있다.

CD금리 조작?
국내 은행들의 대형 스캔들
– 식물금리로 전락한 CD금리

이런, CD금리가 조작되었을지도 모른다는 아침 뉴스 봤어?

CD금리를 누가 신경 쓰겠어. 요즘 다 MP3로 듣지 CD는 듣지도 않잖아.

CD는 양도성예금증서(Certificate of Deposit)의 약자라고. 대부분 은행이 CD금리와 변동금리 주택담보대출을 연동하기 때문에 우리 같은 대출자에게 중요한 거야. 이미 말한 거지만 그 영향은 당신의 용돈에까지 미치지.

이런 나쁜 놈들! 내 용돈 내놔!

공정거래위원회가 증권사들의 양도성예금증서(CD) 금리 조작 여부에 대한 조사에 들어갔다.

공정위는 17일 국내 주요 증권사들에 대한 현장조사를 통해 CD금리 책정과 관련한 자료를 확보하고 담합 여부에 대한 조사에 착수했다. 또한 증권사들이 CD 발행이 줄어 거래가 거의 없는데도 금융투자협회에 유통금리를 매일 보고하는 것은 사실상 금리 조작이라는 지적도 제기되고 있다.

실제 지난 4월 초부터 3개월 이상 CD금리가 3.54%에 머물러 있는 동안 통안증권 1년물과 국고채 3년물은 모두 0.2%포인트 넘게 떨어졌다. 이 때문에 CD금리가 사실상 식물금리라는 비판이 나오기도 했다.

증권사들은 CD금리를 조작해 얻을 실익이 없다며 담합을 부인하고 있다. 실제로 CD금리는 은행권의 대출 기준금리로 사용되고 있어 CD금리 조작에 따른 손익은 은행권과 밀접하게 관련돼 있는 실정이다.

공정거래위원회가 CD(양도성예금증서)금리가 조작됐다며 금융권으로 칼을 겨누자 금융감독당국은 물론 은행과 증권사 등 CD금리와 관련된 금융사들은 큰 혼란에 빠졌다.

CD금리는 기업대출과 주택담보대출 등 변동성 가계대출 금리와 밀접하게 연결돼 있기 때문에 금리의 조작 가능성에 대한 의혹 제기는 금융소비자들에게 큰 충격으로 다가왔다. 변동성 가계대출 금리는 'CD금리 + 가산금리'로 책정된다. 즉 CD금리가 올라가면 서민 가계대출자의 이자 부담이 올라가게 되는 것이다.

만일 담합이나 조작을 통해 CD금리가 인위적으로 고정됐다면 은행은 그 금리차만큼 부당한 이득을 얻은 것이고, 기업과 가계는 그만큼 이자를 억울하게 더 낸 셈이다.

그렇다면 CD금리는 어떻게 책정될까. CD금리는 7개 시중은행들이 단기 자금을 조달하기 위해 CD를 발행하면 금융투자협회가 10개 증권사의 금리 자료를 받아 최고, 최저 수치를 제외한 평균값을 고시하는 방식으로 결정된다.

공정거래위원회는 은행들이 파생상품과 대출 등 관련 수익을 높이기 위해 CD금리를 조작한 것으로 보고 있다. 지난 2012년 언론에서는 이 CD금리가 4월 9일부터 7월 11일까지 무려 3개월간이나 3.54%에서 전혀 움직이지 않았다고 보도하기도 했다. 반면 같은 기간 만기 3개월짜리 통화안정증권 금리가 3.38%에서 3.22%로 0.16%포인트나 떨어졌기 때문에 CD금리의 조작 가능성이 있다고 주장했다.

특히 앞서 영국에서 리보금리 조작 사태가 실제 사건으로 확인되면서 큰 파장이 있었다. 리보금리 조작이 확인된 영국에서는 바클레이스은행에 4억5000만 달러의 벌금이 부과됐고 해당 은행 임원들이 줄지어 사퇴한 데 이어 정관계 스캔들로까지 확대된 바 있다.

금융감독당국은 신뢰도가 바닥까지 추락한 CD금리를 대체할 수 있는 대출 기준금리를 찾기 위해 나섰고, 그 대안으로 단기 코픽스가 거론됐다.

통안채, 은행채, 코리보, 코픽스 등 다양한 상품의 금리도 CD금리를 대

체할 수 있는 새로운 변동금리 가계 대출의 기준금
리 후보로 검토되었다. 한국은행이 발행하는 '통안
채' 금리를 기준금리로 사용할 경우, 시중은행의 대
출 기준금리를 사실상 한은이 결정하게 되는 셈이어서 마땅치
않다는 지적이 나왔다. '은행채'는 만기가 1년 이상이어서 단기
기준금리로 적절치 않으며, '코리보'는 리보와 같은 방식으로 금리가 결정
되기 때문에 금융기관의 담합 가능성 등의 우려로부터 자유롭지 못하다.

그래서 CD금리를 대신할 변동금리부 대출의 기준금
리로는 단기 코픽스(COFIX)가 유력하게 거론된 것이다.
코픽스는 지난 2010년 은행연합회가 도입한 대출 기준
금리다. 현재 9개 시중은행의 자금조달 금리를 가중 평균
해 산출하며 매월 한 차례(15일) 발표한다.

현재 발표되고 있는 코픽스는 은행의 실질적인 자본조달 비용을 반영한
다는 장점이 있지만 CD금리의 대안으로는 미흡하다는 지적도 있다.

코픽스 산출에 반영된 은행의 자금조달 만기가 평균 9개월에 달해 단기
자금 금리의 성격을 반영하지 못하는 점을 감안해 단기 코픽스가 CD금리
의 대안으로 새롭게 고려되고 있다. 단기 코픽스는 3개월 미만 정기예금,
CD 91일물, RP 91일물 등의 단기 금리로만 구성될 예정이며, 발표주기도
매주 혹은 격주로 하는 방안을 검토하고 있다.

● 통안채

한국은행이 시중 통화량을 조절하기 위해 금융기관을 상대로 발행하고 매매하는 채권으로, 통화안정채권이라고 한다. 통안채를 만기량보다 많게 발행해 시중의 통화량을 줄이기도 하고, 적게 발행해 시중의 통화량을 늘리기도 한다.

● 은행채

금융채라고도 불리며 채권발행은행이 발행한다. 특별법에 의해 특정 금융기관이 장기융자를 위한 자금을 흡수하기 위해 발행하는 채권이다. 일반적으로는 무기명채권이 발행되고, 이자율은 일반예금에 비하여 매우 높은 편이다.

● 환매조건부채권(RP)

금융기관이 일정 기간 후 확정금리를 보태어 다시 사는 조건으로 발행하는 채권이다. RP라고도 한다. 주로 금융기관이 보유한 국공채나 특수채, 신용우량 채권 등을 담보로 발행하기 때문에 환금성이 보장되는 장점이 있다. 발행 목적에 따라 여러가지 형태가 있는데 흔히 중앙은행과 시중은행 사이의 유동성을 조절하는 수단으로 활용된다. 운용기간은 1~30일에서 3개월 정도가 적합하며 길게는 1년까지 만기를 지정할 수 있다.

● 코리보(KORIBOR)

코리보는 국내 시중은행 7곳과 기업은행, 산업은행 등 특수은행, 지방은행, 외국계 은행 등의 기간별 금리를 통합해 산출한 단기 기준금리다. 코리보는 영국 런던의 은행들이 단기자금을 거래할 때 적용되는 금리인 리보(LIBOR: London inter-bank offered rates)를 본뜬 것으로, 2004년 7월 26일 만들어졌다.

07

못다 이룬
'메가뱅크(대형은행)'의 꿈

– 은행의 종류와 역사 1

 우리은행 매각 기사가 계속 나오는데, 대출받았다가 은행 매각 되면 대출금 안 갚아도 되지 않을까?

 그럴 일은 절대 없으니까 헛된 생각하지 마. 그나저나 은행이란 말은 어떻게 생겼는지 알아?

 내가 알 리가 없잖아.

 예전 중국 청나라에서 결제 수단으로 은을 많이 사용했는데, 은을 팔고 사는 가게가 줄을 서 있다고 해서 은행이라고 불렀다는 거야. 이 기회에 은행의 역사에 대해 배워보는 게 어때?

우리가 쉽게 접할 수 있는 금융기관에는 은행, 증권사, 보험사 등이 있다. 그중에서도 **자산 규모가 가장 큰 기관은 은행이다.** 은행은 실제로 역사가 매우 오래된 금융기관이다.

최근의 은행과 같은 모습을 처음 볼 수 있게 된 것은 중세의 이탈리아 베네치아에서부터다. 유대인 중 한 사람이 방카(banca)라는 테이블을 놓고 전당포를 운영했는데, 당시 베네치아는 국제 무역이 무척이나 발달한 곳이었기 때문에 많은 자금의 유동이 이뤄졌고 자연히 이 방카가 성행하게 됐다. 이후 많은 상인 계급들이 방카 업계로 진출하게 되고 환전상과 같은 역할을 하게 된다. 이 방카가 나중에 뱅크(bank, 은행)로 진화하게 되는 것이다. 초기의 환전 은행은 보관 은행이었으나 보관된 화폐를 간단한 대체 방법을 이용해 상인들 간에 서로 주고받을 수 있도록 하는 길이 생기면서 대체 은행으로 발전했다. 근세에 들어와 영국에서 화폐 제도가 개선됨에 따라 중세적인 대체 은행의 중요성은 줄어들었다. 이후 은행은 예금통화를 직접 만들어 내거나 예금을 받아들여 그 자금으로 대출을 행하는 대부은행 또는 예금은행으로 발전했다. 이러한 은행들은 처음에는 단기예금과 단기대출을 주 업무로 했지만 최근에 와서는 장기예금과 장기대출도 취급하게 됐다. 경제가 발전하면서 그 역할이 매우 중요해진 것이다.

한국에 근대적인 은행 제도가 도입된 것은 일본 제일은행 부산지점이 개설된 1878년이다. 1909년 중앙은행으로서 구 한국은행이 설립됐으나 국권을 빼앗긴 후 업무를 조선은행에 이관했다가 8·15 광복과 함께 한국은행으로 복귀했다. 첫 상업은행은 1897년에 설립된 한성은행이 효시이고, 특수은행은 1918년에 만들어진 조선식산은행, 현 산업은행의 전신이 효시다.

● 우리나라 시중은행 인수합병의 역사 ●

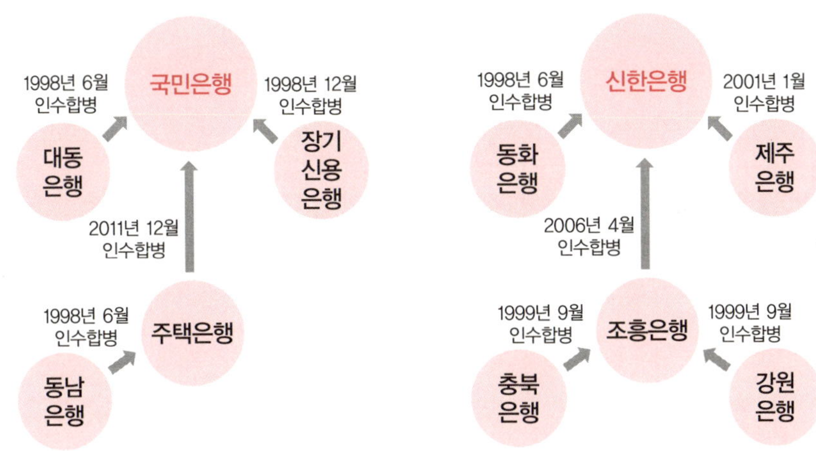

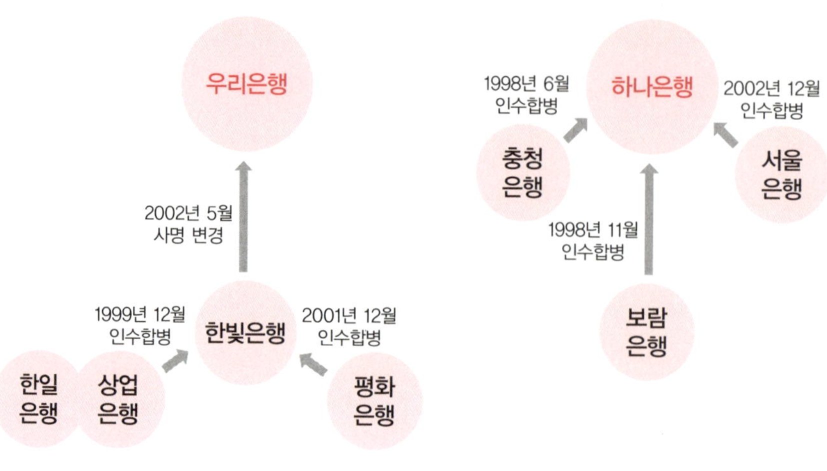

외환위기 이전 국내 은행의 순위는 조흥은행, 산업은행, 한일은행, 서울은행 순이었다. 하지만 1997년 말 외환위기가 오면서 상황은 달라졌다. 부실한 은행이 우량한 은행에 합병되고, 은행 덩치 키우기를 위한 인수합병이 계속되는 가운데 이들 은행은 모두 다른 은행에 합병됐다.

은행 인수합병이 가장 활발하게 이뤄졌던 시기는 1998년이다. 대동은행이 국민은행에 합병되고, 동남은행은 주택은행으로, 경기은행은 한미은행으로, 동화은행은 신한은행으로, 충청은행은 하나은행으로 넘어갔다. 하나은행은 보람은행도 사들인다.

이후 상업은행과 한일은행이 합쳐져 한빛은행으로 이름을 바꿨다가 2002년 지금의 이름인 우리은행으로 자리 잡게 된다. 2001년에는 국민은행과 주택은행이 합쳐져 현재의 국민은행이 생겨났고, 2002년에는 서울은행과 하나은행이 합쳐진다. 한동안 은행업권은 '4대 천왕'이라 불리는 이들 국민은행(KB), 하나은행, 우리은행, 신한은행이 주도권을 잡게 된다.

그러던 중 우리금융의 민영화가 본격적으로 추진되며 은행권의 판도 변화가 불가피해졌다. 우리금융을 사들이는 금융사가 독보적인 1위로 올라가게 되는 상황이 발생한 것이다. 우리금융의 매각은 국내외적으로 중요한 의미를 가지고 있다. 우리금융의 시가총액 규모가 수조 원에 이르는 등 자산 규모가 상당하기 때문이다. 김석동 전 금융위원장은 "우리금융 매각은 국제입찰에도 공고가 됐고 국내외 기관 구분 없이 공정하게 진행될 것"이라고 밝히기도 했다.

우리금융의 매각은 예금보험공사가 보유한 우리금융지주 지분(56.97%)에 대한 입찰을 시행하는 것으로 진행된다. 우리금융에 투입된 공적 자금을 회수해 민영화에 본격적으로 들어간다는 계획이다. 민영화란 정부 지분을 모두 시장에 팔아 정부의 영향력이 미치지 않는 민간 기업으로 전환시키는 것이다. 우리금융 매각이 끝나면 우리금융은 정부의 입김이 없는 민간 은행이 된다.

2011년 상반기, 소매 금융 사업을 거의 하지 못하던 산은금융이 우리금융 인수에 뛰어들었으나 국민들의 공감대를 사지 못한 채 무산되고 만다. 산은금융조차 민영화가 되지 않은 곳이기 때문이다. 2012년에 진행된 매각 절차에서는 KB금융지주가 깊은 관심을 표명했지만 경영진의 반대로 입찰에 참여하지 않으면서 우리금융 매각은 또다시 무산됐다. 결국 2012년 안에 우리금융을 매각하겠다는 안은 완전히 무산됐다. 정부가 품어왔던 '메가뱅크'의 꿈이 한층 멀어진 것이다.

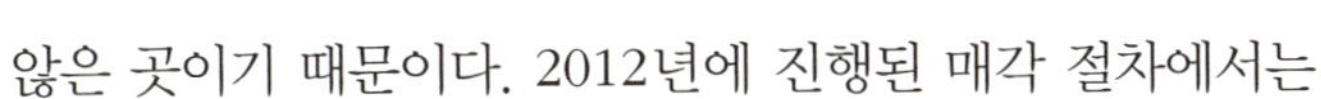
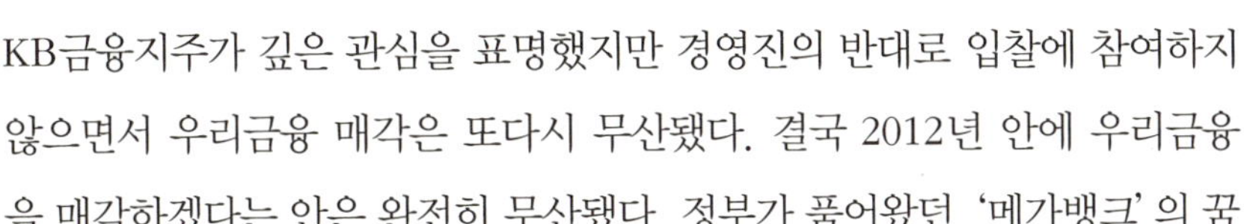

은행은 전통적으로 예금을 받아 보관하면서 자금이 필요한 사람에게 대출을 해주며 이자를 받아 수익을 얻는 곳이었다. 또한 은행은 예금자에게 예금이자를 지급한다. 이렇게 여유 있는 사람들과 돈을 빌려야 하는 사람 간의 돈의 흐름을 연결해주며 자금흐름을 원활하게 하는 역할을 한다. 또한 돈을 안전하게 보관함으로써 돈을 분실하거나 도난당할 위험을 없애주기도 한다. 그 외에도 은행은 외국환 업무, 신용카드 업무, 신탁 업무, 간접 상품 판매, 보험 판매 등을 하며 주택청약, 자동이체, 증권 연계 계좌, 세금 수납 등 다양한 기능을 하고 있다.

과거에도 그랬고, 최근까지도 은행들이 몸집을 늘리기 위해 노력하는 것은 은행 영업에 '규모'가 중요한 영향을 끼치기 때문이다. 예를 들어 지점수가 무척이나 많았던 조흥은행을 합병함으로써 신한은행의 영향력은 배 이상 커졌고, 국민은행 역시 주택은행과 합치면서 대형은행으로 거듭났다. 때문에 은행의 인수합병 도전은 계속되고 있는 것이다.

필수경제용어

● 입찰

물품이나 기업 등을 팔거나, 빌려주기 위해 실시하는 일반 경쟁 계약의 한 방법. 일반 경쟁 계약이란 계약 목적 등을 미리 공고해서, 자격이 있는 사람들 중 다수의 희망자를 모아 경쟁시켜, 그중 가장 유리한 조건(가격 등)을 제시한 자와 계약하는 것을 말한다. 낙찰 결정의 기준이 될 예정 가격을 미리 정하고, 입찰자 중에서 예정 가격에 비해 최저 판매 가격·최고 구매 가격을 표시한 자에게 낙찰한다.

08

'**CB + IB = CIB**' 는 수학 공식?

– 은행의 종류와 역사 2

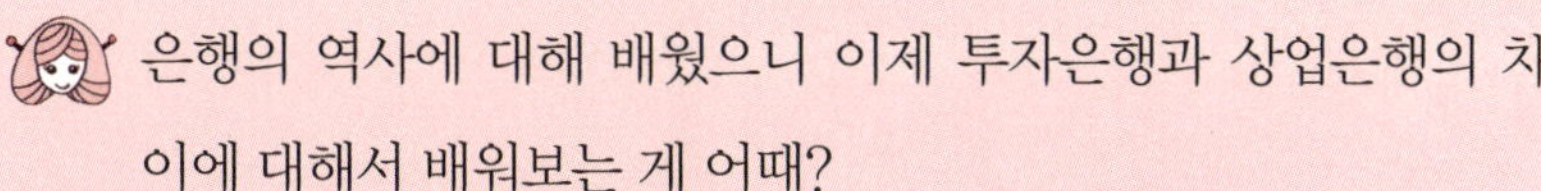

 은행의 역사에 대해 배웠으니 이제 투자은행과 상업은행의 차이에 대해서 배워보는 게 어때?

 내가 왜 배워야 하는데?

 금융의 중심은 은행이고, 우리의 신혼생활을 잘 헤쳐 나가려면 금융에 대해 알아야 하니까. 잘하면 용돈도 올라갈 것이고.

시켜만 주십시오.

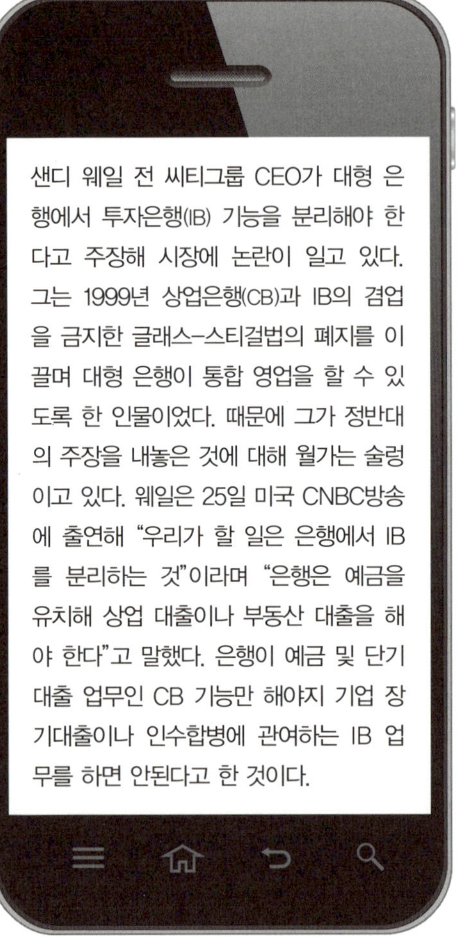

2008년 글로벌 금융위기 전만 해도 IB(investment bank), 즉 투자은행은 각광받는 금융기관이었다. 리먼브러더스, 골드먼삭스 등이 대표적인 IB다. 이들은 공격적인 투자로 큰 수익을 내기 때문에 미국 월가에서 가장 인정받는 은행으로 꼽혔다. 주식이나 채권 등의 유가증권을 발행하거나 거래, 자산유동화, 프로젝트 파이낸싱(PF), 기업 인수합병(M&A), 직접투자 등의 일을 한다.

금융위기를 기점으로 미국 월가의 대형 IB들이 줄줄이 파산하면서 다시 CB(commercial bank), 상업은행의 역할이 주목받기 시작했다. 대형 IB들은 유가증권 파생상품 투자와 거래로 큰돈을 벌었지만 서브프라임 모기지 부실 문제가 커지면서 막대한 손실이 발생한 것이 금융위기를 일으킨 주범으로 낙인찍혔다.

상업은행의 역할은 그동안 은행이 가져왔던 고유 업무라고 생각하면 이해하기 쉽다. 국내의 시중은행은 모두 CB에 가깝다. CB란 확정된 금리에 근거한 여·수신 업무, 즉 예금과 대출 사업으로 수익을 창출하는 곳을 말한다. CB는 고객의 예금을 보호하기 위해 예금보호제도를 통한 규제를 받기 때문에 투자에 소극적이지만, IB는 규제를 거의 받지 않기 때문에 공격적인 투자가 가능하다.

IB 사업을 크게 확대하고자 계획했던 우리나라 은행들은 미국의 대형 IB 파산 이후 CIB(commercial investment bank)로 급선회하고 있다. CIB란 상업은행과 투자은행을 결합한 말로 금융지주사 형태의 은행·증권 통합 금융사를 뜻한다.

금융계 일각에서는 CIB가 수신 기능이 있는 상업은행을 기반으로 하기 때문에 금융위기가 찾아왔을 때 상대적으로 안전하다고 주장하지만 바꿔 생각하면 투자은행의 부실이 상업은행으로까지 번질 가능성이 높다는 뜻도 된다. 때문에 미국에서도 1933년 '글래스-스티걸법(Glass-Steagall act)'이라는 법을 제정해 증권업을 상업은행 업무에서 분리시켰다. 상업은행의 과도한 증권투자가 미국 대공황을 일으킨 원인 중 하나로 꼽혔기 때문이다. 하지만 시간이 흐르자 투자 부분의 역할은 다시 커지기 시작했다. 자연히 씨티그룹과 같은 CIB들이 공공연하게 활동하게 됐다.

CIB 역시 글로벌 금융위기에서 큰 역할을 했다는 비판이 제기되자 버락 오바마 정부는 CB와 IB의 역할을 사실상 다시 분리한 '볼커룰'을 발표한다. 이에 따라 CIB 형태로 전환하려던 국내 금융사들의 계획도 차질을 빚게 됐다.

국내 금융사가 CB에서 CIB로 전향하게 된 이유는 '대형화' 추세 때문이다. 국내 은행들이 글로벌 은행들에 비해 규모면에서 뒤진다는 비판이 제기된 후 국내 은행들은 CIB로의 전환을 추진해 왔다. 아울러 은행 고유 업무로 분류되는 예금·대출 업무로 발생하는 수익에 한계가 있기 때문에 투자 사업을 확대하려는 움직임을 보이고 있다.

그럼에도 글로벌 추세를 보면 규제를 통해 은행의 투자 업무를 최대한 제한하려는 것을 볼 수 있다. 특히 상업은행(CB)과 투자은행(IB)을 분리하는 '볼커룰' 쇼크에 국내 은행권도 전전긍긍하고 있다.

금융 시스템의 붕괴는 나라 전체의 위기를 가져올 수도 있다. 과도한 규제는 바람직하지 않지만 우리나라 은행들의 대형화가 과연 어디까지 이뤄져야 할지는 좀 더 생각해볼 문제다.

필수경제용어

● 볼커룰(volcker rule)

미국 금융기관의 위험 투자를 제한하고, 대형화를 막기 위해 만든 금융기관 규제안 중 하나. 연방준비제도이사회(FRB) 의장이자 오바마 정부의 백악관 경제회복자문위원회 위원장인 폴 볼커(Paul Volcker)의 제안이 대폭 반영돼 볼커룰이라고 부른다. 은행이 자사의 자산이나 빌린 자금으로 채권과 주식, 파생상품 등에 투자하는 행위를 제한하는 동시에 헤지펀드, 사모펀드를 소유나 투자하는 것도 금지했다.

● 자산유동화

자산유동화(asset securitization)란 미수금, 금융기관 대출금, 부동산 등 여러 형태의 자산을 담보로 채권을 발행해 자금을 조달하는 것이다. 융통성이 없는 자산을 증권으로 바꿔 자본시장에서 현금화하는 행위들을 통틀어 일컫는 것이다. 자산 보유자의 재무구조 개선, 자금 조달비용 절감 등을 위해 이뤄진다.

● 프로젝트 파이낸싱(PF)

프로젝트 파이낸싱(project financing)은 대규모 위험 사업에 자금 조달을 하는 방법 중 하나다. 자금 조달의 기초를 프로젝트를 추진하려는 사업주의 신용이나 물적 담보에 두지 않고 프로젝트 자체의 경제성에 둔다.

은행 등 금융기관들이 특정 사업을 담보로 대출해 주고 사업이 진행되면서 얻어지는 수익금으로 자금을 되돌려 받는 선진 금융기법이다. 회사 자체의 신용은 보지 않고 회사와 사업을 별도로 분리, 특정 사업의 사업성만을 분석해 자금이 공급된다.

프로젝트 파이낸싱은 본래 석유 개발과 같이 고수익과 큰 위험이 상존하는 사업을 대상으로 시작되었으나 점차 도로 · 공항 등 시설 투자 사업으로 확대되고 있다. 특히 국내 저축은행들은 부동산 시장이 활황을 이루면서 부동산PF를 확대하기 시작했다. 그러나 갑작스레 경기가 어려워지고 부동산 시장 역시 꽁꽁 얼어붙으며 저축은행 PF 부실이 심화되기 시작했다. 결국 PF 부실이 감당할 수 없는 수준에 이르렀고, 저축은행 구조조정의 계기가 됐다.

09

어떤 은행에 돈을 넣어야 안전할까?

– 국제결제은행(BIS) 자기자본비율과 88클럽

김석동 금융위원장은 15일 오는 9월 퇴출 저축은행 명단을 공개하고 영업정지 조치를 추가로 내릴 것이라고 밝혔다. 김 위원장은 이날 대한상공회의소에서 초청한 조찬간담회에 참석해 '9월 하순쯤 전체 85개 저축은행 경영 진단 결과를 발표하고 불가피한 경우 영업정지를 추가로 할 것'이라고 말했다.

금융위는 앞서 저축은행 경영개선명령 기준으로 BIS비율 1% 미만, 부채의 자산 초과, 경영평가위원회의 정상화 계획 불승인 등 몇 가지를 발표했다.

– 2011년 7월 –

금융감독당국이 국제결제은행(BIS) 기준 자기자본비율이 5~8%에 놓인 소위 '회색지대 저축은행'에 대한 검사에 돌입했다. 금융당국은 현재 부실 저축은행에 대한 상시 구조조정 체제로 전환한 상태다. 금융당국은 이들 저축은행의 BIS비율이 적기시정조치 기준(5% 미만)보다 높지만 덩치가 큰 한두 건의 부실 여신이 발생하면 자산건전성이 급격히 악화돼 부실 금융회사로 전락할 가능성이 크다고 보고 있다. 이미 회색지대 저축은행 1~2곳에 자본 확충을 요구하는 등 자구 계획 이행 여부를 점검하고 있는 것으로 전해졌다.

- 2012년 6월 -

은행의 자산 건전성을 판단할 수 있는 여러 기준 중 가장 우선으로 꼽히는 것은 BIS 자기자본비율, 간단히 줄여 BIS비율이다. BIS비율은 국제결제은행(BIS, bank for international settlement) 기준에 따른 은행의 자기자본비율을 가리키는 말로 은행의 건전성과 안정성을 판단하기 위해 만들어진 국제 기준이다. 국제결제은행은 1930년에 설립된 국제기구로 1988년 바젤 합의를 통해 자기자본비율 규제를 정하게 됐다. 우리나라도 은행의 부실화를 판단하기 위해 1993년부터 이를 도입해 적용하고 있다.

BIS비율은 자기자본을 위험가중자산으로 나눠 100을 곱하면 나온다. 따라서 자기자본이 많고 위험가중자산이 적으면 BIS비율이 높게 나온다. 즉 BIS비율이 높다는 것은 은행의 경영이 안전하게 이뤄지고 있는 것으로 이해하면 된다. 그 반대이면 BIS비율도 낮아진다. 여기서 자기자본은 국제결제은행의 기준에 따른 기본자본과 보완자본의 합계액을 가리킨다. 기본자본이란 금융기관의 실질 순자산을, 보완자본이란 영업 활동에서 발생할 수 있는 손실을 보전할 수 있는 자산을 가리킨다.

위험가중자산이란 거래 상대방의 신용 위험도에 따라 은행자산을 구분한 것을 말한다. 예를 들어 부동산 담보대출은 위험도가 100%이고 예금 담보대출은 0%다.

국제적인 업무를 하는 은행은 위험 자산에 대해 최소 8% 이상 자기자본을 유지하도록 돼 있다. BIS비율을 높이려면 부실 채권을 매각하거나 대출을 줄이는 등 위험 자산을 줄이고 증자나 후순위채 등을 발행해 자기자본을 늘려야 한다.

외환위기가 본격화됐던 1998년 2월 정부는 BIS비율 8%에 미달된 12개 은행에 경영개선 명령과 함께 자구계획서를 제출토록 했다. 금융감독위원회(현 금융위원회)는 평가를 통해 상업은행과 한일은행 등의 7개 은행에 조건부 승인을 내렸다.

저축은행들의 BIS비율은 은행보다 상대적으로 더 낮은 편이다. 2011년 저축은행의 부실화가 가속화되며 시장의 시한폭탄으로 떠오르자, 금융위원회는 건전성을 판단할 수 있는 기준으로 BIS비율을 제시했다. BIS비율 5% 이하에 해당하는 저축은행에는 경영개선 조치를 내리겠다는 것이다.

우량한 저축은행과 부실한 저축은행을 나누는 것과 관련해 88클럽이라는 기준이 생겨났다. 88클럽이란 BIS비율 8% 이상, 고정 이하 여신비율 즉, 부실대출 비율이 8% 미만에 해당하는 우량한 저축은행을 가리키는 것이다. 고정 이하 여신비율은 전체 대출금 중 3개월 이상 연체된 자산의 비중인데 이 비중이 높을수록 자산 건전성이 좋지 않다는 것이다.

88클럽은 수년간 부실한 저축은행을 가려내는 기준으로 적용돼 왔지만 이번 저축은행 부실 사태를 계기로 새로운 국면을 맞는다. 이 조건을 맞춘

은행 중에서도 부실한 은행이 나온 것이다. 때문에 88클럽의 기준을 보다 엄격히 하는 기준이 새롭게 나와야 한다는 이야기가 나오고 있다.

필수경제용어

● 바젤협약

국제결제은행(BIS, Bank for International Settlements)의 바젤위원회는 지난 1980년대 선진 은행들의 중남미에 대한 부실채권이 늘어나면서 국제금융의 안정성이 흔들리자 1988년 은행의 BIS 자기자본비율 기준을 설정했다. 1988년 제정된 BIS협약은 금융기관 보유자산의 '신용 리스크'에 따라 일정 수준(8%)의 자기자본 보유를 의무화하는 것이었다. 즉 금융기관의 보유자산을 신용리스크의 정도에 따라 몇 개의 그룹으로 분류하고 그룹별로 각각 다른 가중치를 적용함으로써 리스크의 크기에 따라 조정된 금융기관 전체의 위험가중자산 규모를 산출하는 것이었다. 이후 금융 규제가 완화되고 금융공학이 발달하는 등 금융 환경의 급격한 변화로 현행 BIS협약의 유효성이 떨어졌다. 이에 따라 국제결제은행 바젤은행감독위원회는 새로운 BIS협약을 추진, 2004년 6월에 확정했다. 우리나라는 2008년 1월부터 신BIS제도를 시행했다.

● 후순위채

발행 기관이 파산했을 경우 다른 채권자들의 부채가 모두 청산된 다음에 마지막으로 상환 받을 수 있는 채권이다. 가령 은행이 파산할 경우 1인당 5000만 원까지의 예금은 바로 돌려주지만 후순위채에 투자한 돈은 다른 빚을 모두 갚은 뒤에야 받을 수 있다. 일반 채권보다 금리가 높기 때문에 높은 수익을 바라는 투자자들이 사들인다.

10

금융회사에도 형과 아우가 있다?

– 제1금융권과 제2금융권 구분하기

은행들이 가계대출 비중을 줄이고 있는 반면 신용등급이 상대적으로 낮은 서민들이 주로 이용하는 제2금융권의 대출 비중이 꾸준히 늘고 있다. 저축은행의 경우 일반은행보다 예금금리도 높지만 대출금리 역시 높다. 때문에 제2금융권인 저축은행의 가계대출 증가는 서민들의 시름이 깊어지고 있는 이유가 되고 있다.

그렇다면 제1금융권과 제2금융권은 어떻게 구분될까.

은행을 제1금융권이라고 부르며 은행을 제외한 금융기관을 제2금융권이라고 칭한다. 은행에는 시중, 지방, 특수은행과 농업협동조합중앙회의 신용사업 부문, 수산업협동조합중앙회의 신용사업 부문까지 포함된다. 은행법의 적용을 받지 않지만, 일반은행과 유사한 기능을 담당하고 있는 저축은행 등을 제2금융권이라고 부른다. 보험사, 증권사, 카드사는 물론 상호저축은행, 새마을금고, 신용협동조합, 리스회사, 벤처캐피탈 등이 이에 속한다.

1960년 이후 경제성장 정책이 제시되며 높은 인플레이션과 기업의 만성적인 자금 초과 수요 때문에 사금융시장이 발달해왔다. 금융의 이중 구조가 심화돼 온 것이다.

이러한 사금융을 제도금융권 안으로 흡수해 경제 발전에 필요한 자금 수요를 건전화하자는 것이 제2금융권의 설립으로 이어졌다.

최근에는 제3금융권이라는 말도 생겨났다. 제3금융권이란 제도금융권에 속하지 않는 나머지 금융기관을 가리키는 것으로 주로 사금융권이란 말과 같은 뜻으로 사용된다. 대출을 전문으로 하는 대부업체와 사채업체가 여기에 속한다.

아이러니한 것은 사금융을 이용하는 금융소비자들이 꼭 저신용자들만은 아니라는 것이다. 금융당국의 조사 결과 회사원들도 대부업 등 사금융을 이용하는 경우가 적지 않은 것으로 드러났다.

대부업체들은 39.9%(법정최고금리)라는 높은 금리를 받고 있지만 1금융권이나 2금융권에 비해 대출 절차가 간소하기 때문에 급한 자금, 이른바 급전이 필요한 금융소비자들에게 긴급 자금 수혈 통로가 되고 있다.

다만 높은 이자를 감당할 수 없어 신용불량자로 전락하는 경우도 다반사로 발생하기 때문에 사금융에 발을 들여놓을 때는 고금리를 감당할 수 있는가를 반드시 체크해야 한다.

● 법정최고금리

금전대차거래, 즉 돈을 빌려줄 때 발생하는 이자의 적정 최고한도를 규정한 것. 금리상한은 1962년 1월 이자제한법 제정을 통해 국내에 처음 도입됐다. 금융시장의 불완전성이 크고 신용대출시장의 초과수요가 존재하는 국내 금융시장 여건을 감안하면 금리상한은 서민의 부당한 고금리 부담을 방지한다는 측면에서 어느 정도 정당성을 지닌다고 볼 수 있다.

결혼시대

_ 저축과 보험, 재테크

01 영국에선 변액보험, 미국에선 유니버설보험?
02 다이하드에 퇴직연금이 등장한 사연?
03 자동차 보험료와 서민 물가
04 세계 8대 불가사의? '복리'의 마술
05 주가로 돈을 벌 수 있다고?
06 장마상품으로 집 마련?

알고 보면 더 재미있는 금융상품

경제기사에서 점점 더 많이 등장하고 있는 소재가 바로 금융상품이다. 단순히 재테크를 위해 금융상품을 공부하는 것은 아니다. 금융상품은 '그 시대의 경제 정보'를 가장 많이 담고 있으며 경제를 이해하기 쉬운 통로로 제공해 준다. 예를 들어 변액보험이 많이 보이면 저금리 시대가 지속되고 있다고 볼 수 있다. 더 이상 예금만으로는 재테크를 하기 힘들어지자 투자형 보험상품이 탄생하기에 이른 것이다. 이렇듯 한 금융상품의 유래를 살펴보면 그 당시 경제 상황을 쉽게 이해할 수 있다. 더불어 금융상품에 대한 공부를 통해 나의 경제생활에 대한 길잡이를 마련할 수 있으니 '일석이조'라 할 수 있다.

영국에선 변액보험, 미국에선 유니버설보험?

– 투자형 보험 상품 알기

10년 전에 도입된 변액 보험상품은 투자형 보험상품으로 기존 보험이 가지고 있는 보장에 투자 수익까지 얻을 수 있어 인기를 끌어왔습니다. 수입 보험료에서 2002년 1975억 원 규모였던 변액보험은 작년 19조4129억 원으로 10배 넘게 성장했습니다. 수수료인 사업비도 기존 보장성보험이나 저축성보험보다 높아 보험사 수익 증가에 큰 영향을 미쳤습니다. 변액보험 시장은 날로 커지고 있지만 불완전 판매로 인한 민원도 해마다 수천 건씩 발생하고 있습니다.

〈앵커멘트〉

변액유니버설보험, 투자형 보험상품이라고 해서 인기를 끌어왔는데요, 고객이 낸 보험료 중 보험사가 가져가는 사업비를 비교한 자료가 처음으로 공개됐습니다. 그야말로 '천차만별'이었습니다. OOO 기자의 보도입니다.

〈리포트〉 변액유니버설보험의 사업비가 처음으로 비교 공개됐습니다. 금융소비자연맹이 공정거래위원회의 지원을 받아 지난 6월부터 10월까지 모든 생보사의 변액유니버설보험 38개를 조사한 결과 사업비 공제금액이 최대 3배 이상 나는 것으로 나타났습니다. 변액유니버셜보험은 보험료로 펀드에 투자를 하면서도 은행 예금처럼 언제든지 돈을 뺄 수 있어 인기를 끌어왔습니다. 사업비가 가장 적은 상품은 카디프생명에서 판매하는 스마트변액보험이었습니다. 한 달에 50만 원씩 10년간 6000만 원을 불입한다고 가정했을 때 보험사가 관리비로 책정해 가져간 돈, 즉 사업비는 268만 원(4.5%)이었습니다. 연간 27만 원의 비용을 수수료로 지불한 셈입니다.

보험의 특성에 대해 설명할 때 '일인은 만인을 위하고 만인은 일인을 위한다'고 말한다. 각각의 일인들이 적은 금액(보험료)을 서로 모아 큰돈을 만들고, 그 큰돈을 보관해 두었다가 적은 금액을 낸 일인들 가운데 누군가가 갑작스레 큰 어려움을 겪게 될 때 모아 두었던 돈(보험금)을 그 일인에게 주어 어려움을 이길 수 있도록 돕는 제도가 바로 보험이다.

하지만 이러한 전통적인 보험이 변화의 시기를 맞고 있다. 특히 변액보험과 같은 투자형 보험상품이 인기를 끌면서 경제기사에도 많이 등장하고 있다. 우리나라의 경우 2001년 변액보험이 도입되면서 보험시장에 큰 변화가 생겼다.

변액보험이란 계약자가 낸 보험료 중 사업비와 위험 보험료를 제외한 나머지 비용으로 펀드를 만들어 채권, 주식 등에 투자해 운용 실적에 따라 투자 수익을 계약자에게 나눠주는 실적 배당형 보험상품이다. 따라서 보험 가입자가 받는 보험금이 언제든지 변동될 수 있다. 이러한 변액보험 상품은 은행의 입출금 기능, 투신의 투자 기능, 보험의 보장 기능을 모두 가지고 있다.

유의할 점은 펀드 운용에서 수익이 많이 나면 다른 보험상품에 비해 많은 보험금을 탈 수 있지만 손실이 나면 계약자가 받는 보험금도 줄어들게 된다는 것이다.

변액보험은 물가 인상이 되면 생명보험이 주는 실질 가치가 하락하는 단점을 보완하기 위해 개발되었다. 1950년대부터 영국 등 유럽에서 판매되기 시작한 이래, 1970년대 중반 미국, 1980년대 말 일본을 거쳐 2001년부터는 한국에서도 판매되기 시작했다.

국내 보험업계에서도 변액보험 도입을 꾸준히 추진했지만 투신업계는 펀드와 다를 바 없다는 이유로 반발했다. 그러나 2001년 4월 변액보험 판매가 허용됐고 2010년 현재 수입 보험료 규모가 20조 원에 이르는 시장으로 성장했다.

앞의 기사와 같이 변액보험 시장은 이제 국내에서 수십조 원 규모로 성장했다. 그럼에도 여전히 가입자가 보험의 성격을 잘 이해하지 못하거나, 판매 과정에서 제대로 설명이 이뤄지지 않아 불완전 판매 비중도 가장 높은 생명보험 상품으로 자리 잡았다.

1970년대 말 미국에선 유니버설보험도 등장했다. 유니버설보험은 컴퓨터가 발달한 덕분에 미국에서 시작된 새로운 종류의 보험으로 금융시장의 변동성을 신축성 있게 반영하고 장기보험인 생명보험 상품의 현실성을 최대한 반영한다. 보험 계약자의 보험 수요 변동에 따라 저축액, 보장액, 보험료 등의 변수를 필요에 따라 조절하는 것이 가장 큰 특징이다. 따라서 이 보험 역시 해약 환급금은 가변적이며 대부분 최저 이자율만 확정 보장하고 금융시장의 이자율 변동을 감안한 실제 이자에 따라 조정하게 된다.

저축 부문과 보장 부문이 명확히 구분돼 있는 것도 주요한 특징이다. 저축 부문은 유리한 이자율로 신축성 있게 저축할 수 있으며 세제상의 우대를 받을 수 있는 장점이 있다.

한국에선 변액보험과 유니버설보험의 기능을 합친 변액유니버설보험도 많이 판매되고 있다.

● 보험사 사업비

보험 사업을 수행하는 데 소요되는 비용을 사업비라 한다. 사실상 보험상품의 원가에 속한다. 투자 비용은 포함하지 않는 것이 원칙이며, 생명보험의 경우 사업비 내역은 신계약비, 유지비, 수금비로 분류된다.

● 보험료

보험료는 보험 계약에 의해 보험사가 보험금 지급 책임을 지는 대가로 보험 계약자가 납입하는 돈을 가리킨다. 보험료는 크게 두 가지로 구분돼 있다. 하나는 보험금을 지급하기 위한 재원이 되는 순보험료이고, 또 하나는 보험사가 보험 계약을 유지하고 관리하는 데 필요한 경비로 쓰는 부가보험료다. 이 중 순보험료는 사망보험금 지급의 재원이 되는 위험보험료와 만기 보험금 지급을 위한 저축보험료로 구성된다. 부가보험료는 신계약비, 유지비, 수금비 등으로 구성된다.

다이하드에 퇴직연금이 등장한 사연?
– 퇴직연금 제도

우리 회사도 올해부터 전직원 퇴직연금에 가입하기로 했어.

아무래도 100세 시대니까 중간 정산하는 것보다 안전하겠지.

그래도 좀 섭섭하네. 중간에 정산해서 목돈을 만져보고 싶었는데.

그것도 그러네.

피델리티자산운용에 따르면 베이비부머의 은퇴 준비 현황을 조사한 결과 네 가구 중 한 가구(25.2%)는 은퇴 후 단 한 푼의 연금도 받지 못했다. 43.7%는 국민연금·퇴직연금·개인연금 중 한 개의 연금 상품에만 가입하고 있었고, 소위 3층 연금을 완비한 가계는 4.2%에 불과했다. 정부는 이번 세제개편에서 3층 연금 체계의 기틀을 다지기 위해 퇴직연금과 사적연금 상품에 대한 세제 혜택을 확대하기로 했다. 하지만 퇴직연금과 개인연금이 보다 활성화되려면 연금에 대한 세제혜택이 출구보단 입구 쪽에 초점이 맞춰져야 한다는 게 금융전문가들의 의견이다.

최근 퇴직금의 중간 정산을 제한하며 가입을 유도하고 있는 상품이 퇴직연금이다. 퇴직연금 제도란 근로자들이 노후를 준비할 수 있도록 기업이 퇴직금 지급 재원을 외부 금융기관에 적립해 운용 실적에 따라 퇴직할 때 연금 또는 일시금으로 지급하도록 하는 제도다. 근로자들의 퇴직 자금 규모가 상당히 큰 만큼 은행, 보험, 증권사들은 퇴직연금 유치를 위해 열심히 뛰고 있다.

우리나라는 2000년에 이미 65세 이상 인구가 전체 인구의 7.2%를 초과함으로써 고령화 사회(aging society)에 진입했다. 저출산·고령화는 우리 사회의 더 이상 미룰 수 없는 현안이다.

고령화 사회란 평균 수명이 길어져 전체 평균연령이 높아지는 사회로서 전체 인구 중 65세 이상 고령자의 수가 7%에 도달한 사회를 말하며, 14%를 초과할 경우 고령사회, 20% 이상은 초고령사회라 지칭한다. 우리나라는 2026년 초고령사회에 도달할 것으로 예상되고 있다. 미국의 전략국제문제연구소(CSIS)는 세계 노인들의 미래상이란 연구 자료에서 2040년 한국의 65세 이상 노인층 비율은 전체 인구의 38.6%로 일본, 이탈리아, 독일에 이어 세계 4위의 노령 국가가 될 것으로 예측했다. 그야말로 '빨리 늙어가는 한국'이라고 해도 과언이 아니다.

퇴직연금은 이러한 고령화 사회를 대비하기 위해 도입됐다. 특히 은퇴 이후의 경제적인 안정은 노후 생활의 가장 중요한 문제로 부각되고 있다.

퇴직금을 지급하기 위한 재원이 별도로 적립되어 있지 않고 기업의 운영 경비 등으로 이용되는 사례가 많기 때문에, 기업이 갑자기 도산하는 경우에는 퇴직금을 전액 지급받지 못하고 체불되는 사례가 빈번하다. 때문에 미리 퇴직금을 외부 금융기관에 맡겨 펀드로 운용할 필요성이 제기됐다.

이전에는 정기적으로 퇴직금 중간정산을 실시하는 기업이 많았다. 근로자 입장에서도 새로운 직장을 찾는 기간 동안 생활 자금으로 사용했던지라, 퇴직금을 노후생활 자금으로 이용하기 위한 제도 원래의 목적이 달성되지 않고 있었다.

이러한 현 실태에서 퇴직연금 제도가 도입되어 기업이 망해도 퇴직금을 떼일 염려가 거의 없어졌다.

퇴직연금 적립금은 기업이 직접 운용할 수 있는 확정 급여형(defined benefit, DB)과 근로자가 개별적으로 적립금을 운용할 수 있는 확정 기여형(defined contribution, DC) 두 종류가 있다. 특히 DC형의 경우 근로자의 추가 부담금 납부가 가능하고 이에 대한 별도의 소득공제 혜택도 주어진다.

실제 미국의 경우 은퇴자산시장을 이끌고 있는 주체가 퇴직연금이다. 2006년 말 현재 미국 퇴직연금시장 규모는 약 10조6000억 달러로 전체 은퇴자산시장의 약 65%를 차지하고 있다. 최근 미국에서 가장 각광받는 퇴직연금 플랜인 401(K)는 영화 전개상의 중요한 수단으로 등장할 정도다.

브루스 윌리스가 주연으로 나온 영화 〈다이하드 4〉에서는 401(K)가 주요 소재로 사용됐다. 7월 4일 미국의 독립기념일, 정부의 네트워크 전산망을 파괴해 미국을 장악하려는 전 정부 요원이 자신의 계획을 저지할 가능성이 있는 모든 해커들을 죽이고 미국의 교통, 통신, 금융, 전기 등 모든 네트워크를 손아귀에 넣는다. 미국은 공황 상태에 빠진다. 테러범들은 주인공인 브루스 윌리스의 401(K) 계좌 잔고를 완전히 비게 만들며 협박한다. 이를 통해 미국 사회에서는 퇴직연금의 잔고를 비게 만드는 것, 즉 노후를 대비할 수 없도록 만드는 것이 인간이 할 수 있는 가장 큰 위협으로 인식되고 있다는 것을 알 수 있다.

미국의 근로자들은 직장을 옮기더라도 적립금을 찾지 않고 개인 퇴직 계좌(IRA)에 적립하는 현명한 선택을 하고 있다. 이는 현재 미국의 퇴직연금 플랜 중 IRA의 적립금 규모가 가장 많다는 점만 봐도 알 수 있다.

IRA는 개인들이 관리할 수 있는 퇴직연금으로, 잦은 이직이나 퇴직금이 제대로 정해져 있지 않는 곳에서 근무하는 근로자들을 위해 마련된 제도다. 우리나라도 2011년 근로자퇴직급여보장법이 통과되면서 IRA의 활성화가 기대된다.

현재 IRP(개인형 퇴직연금)가 도입되면서 이직자와 퇴직자의 노후 보장 수단이 더욱 강화되고 있는 모습이다. IRP는 자녀의 학자금과 주택마련 등 개인의 급한 사정으로 노후 대비용 퇴직금을 써버리는 사태를 막기 위해 마련된 것이다. IRA는 가입할 의무가 없지만 IRP는 이직자나 퇴직자들이라면 반드시 가입해야 한다. 만약 이직·퇴직 직원이 IRP를 만들지 않으면 회사 측에서 해당 직원 명의로 거래하는 금융회사(퇴직연금 사업자)에서 임의로 IRP를 만들고 퇴직금을 넣어주게 된다.

퇴직연금에 대한 혜택도 확대되고 있다. 확정기여(DC)형 퇴직연금은 근로자 추가 납입금에 대해서 개인연금과 합산해 300만 원까지 소득공제를 받을 수 있으며, 운용 중에 세금이 부과되지 않는 퇴직연금 적립금은 모두 투자 재원으로 이용되기 때문에 실질적으로 세후 소득을 높일 수 있다.

금융업권은 퇴직연금 소득공제 한도를 큰 폭으로 늘리는 안을 정부에 지속적으로 건의하고 있다. 향후 퇴직연금 제도에 대한 세제 혜택은 더욱 확대될 예정이다.

● **개인 퇴직 계좌(IRA, individual retirement account)**

근로자가 직장을 옮기더라도 퇴직금을 계속 적립할 수 있도록 관리되는 계좌이다. 직장의 빈번한 이동과 비정규직 근로자가 늘어나며 도입됐다. 퇴직금 운용은 개인이 직접 결정할 수 있으며 운용 수익과 손실 책임 역시 근로자 개인에게 주어진다. 개인 퇴직 계좌에 퇴직금을 불입하면 퇴직 소득세를 내지 않으며, 적립금 운용 시에 발생하는 수익에도 과세되지 않는다. 다만 55세 이후 실제 연금 등을 수령할 때 연금 소득세 등을 내게 된다.

● **개인형 퇴직연금(IRP, individual retirement pension)**

2012년 7월부터 도입된 노후 대비용 금융상품으로 근로자가 이직하거나 조기에 퇴직했을 경우 퇴직금을 바로 사용하지 않고 은퇴할 때까지 보관하고 운용할 수 있도록 한 퇴직 전용 계좌를 가리킨다. 퇴직연금을 도입한 회사에서 이직하거나 55세 이전에 퇴직했을 때 개설할 수 있는 계좌인 IRA와 비슷한 개념이다. 그러나 IRP는 퇴직한 근로자만 개설할 수 있으며 퇴직연금 가입자는 퇴직 시 퇴직금을 일시에 받고 선택적으로 IRP에 가입하고 있다.

자동차 보험료와 서민 물가

– 자동차보험 제도

자동차보험료가 또 올랐네. 곧 아이가 태어난다는데 차를 팔 수
도 없고.

보험업계에서는 손해라고 하는데 맞는 말인지 모르겠어.

주행거리에 따라 보험료를 깎아주는 보험도 있다는데 알아봐야
겠어.

아기 아빠가 된다니까 금융에 조금 더 관심이 생긴 것 같네.

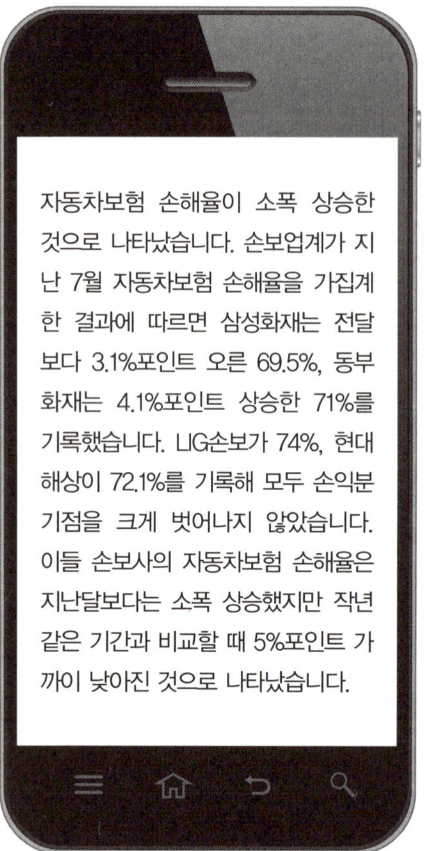

"자동차보험료는 마음대로 올릴 수가 없어요. 서민 물가와 가장 밀접하게 연결돼 있다는 인식이 이미 자리 잡고 있기 때문이죠. 실제 정부 물가지수 책정에 자동차보험료가 들어가 있기도 하고요."

보험에 관계했던 정부 당국자의 말이다.

자동차보험료 인상 소식이 들리면 운전자들의 마음이 불편해진다. 자동차보험은 의무보험으로 수많은 운전자들이 가입하고 있기 때문에 영향력이 크다. 때문에 자동차보험료 책정 과정은 신중하게 이뤄지고 있다.

우리나라에서는 조선화재(현 메리츠화재)가 최초로 자동차보험 영업 인가를 받았다. 이후 1960년대 한국자동차보험공영사(현 동부화재)에서 독점 판매했고, 1980년에 접어들어 자동차 판매가 급격히 증가하면서 독점권이 풀려 타 보험사에서도 자동차보험을 판매하게 됐다.

먼저 자동차보험과 운전자보험을 구분할 필요가 있다. 자동차보험은 자신이 소유한 승용차가 사고로 인해 다른 사람을 다치게 하거나 다른 사람의 물건을 파손했을 경우 대신 보상해주는 보험이다. 운전자보험은 자동차 보험에서 보상해주지 못하는 보장을 취급하는 보험으로, 사고로 인해 합의 등의 과정에서 필요한 법적 비용이나 벌금 등을 보장해준다.

자동차보험료는 여타 물가에 미치는 심리적 영향이 큰 것으로 인식되고 있다. 또한 자동차보험은 의무보험이다 보니 현재 '물가지수'로 관리되고 있다. 그중에서도 장바구니 물가라고도 불리는 '생활 물가' 품목에 포함돼 있다.

생활 물가란 1998년 4월부터 체감 물가를 파악하기 위해 도입한 지표로, 통계청이 작성해 발표한다. 일상생활에서 소비자들이 자주 구입하는 생활필수품을 대상으로 작성한 소비자 물가지수의 보조 지표다.

자동차보험료 물가지수는 2007년 기준으로 10년간 92.9에서 109.4로 17.8% 올랐다. 수치로도 나타났듯이 자동차보험에 대한 소비자들의 부담은 커지고 있지만 손해보험사들도 고충이 있다고 말하기는 마찬가지다. 손보사들도 자동차보험료를 인상하는 추세다. 자동차보험료 인상의 첫 번째 이유는 손해율 상승이다.

손해율은 보험회사가 거둬들인 보험료 중에서 교통사고 등이 발생했을 때 피해자에게 지급한 보험금의 비율을 말한다. 자동차보험 손해율은 보험회사의 영업 수지를 결정하는 대표적인 수치로 예정 손해율보다 실제 손해율이 높게 나타나면 적자를 보게 되고 낮으면 흑자를 기록하게 된다. 보통 손해율이 70% 후반대면 적자라고 업계에서는 말한다.

2011년 자동차보험 제도 개선으로 손해율이 안정세를 되찾고 있지만 여

전히 에르고다음다이렉트, 악사손해보험, 하이카다이렉트 등 자동차보험 판매 비중이 절대적인 온라인 자동차보험사들은 높은 손해율로 인해 경영에 어려움을 겪고 있다고 토로한다.

다행히 2012년부터는 소비자들이 자동차보험 수리 비용의 일정 비중을 미리 책정해 담당하는 자기부담금 정률제가 도입되면서 보험사들이 지급하는 보험금이 크게 낮아진 것으로 나타났다. 이에 손해보험사들의 자동차보험 손해율은 손익분기점인 70%대까지 내려왔고 금융당국과 소비자들이 자동차보험료 인하를 다시 요구하고 나섰다.

자동차보험료 책정을 둘러싼 정부와 손보사의 기 싸움은 영원한 숙제로 남을 것이다.

필수경제용어

● 손해율

보험사가 거둬들이는 수입보험료 중에서 교통사고 등 사고가 발생했을 때 가입자에게 지급하는 보험금의 비율을 가리킨다. 그중에서도 자동차보험 손해율은 보험사의 영업수지를 결정하는 대표적인 수치다.

세계 8대 불가사의?
'복리'의 마술

– 복리 체계의 이해

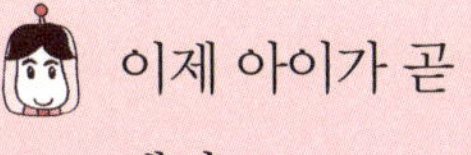

이제 아이가 곧 태어날 테니까 필요 없는 금융 상품은 정리해야 겠어.

그래도 복리 저축보험은 남겨두자. 이런 복리 상품은 잘 안 나 오니까.

복리가 좋은 건가?

이자에 이자가 붙는 방식이니까 정기적금보다 훨씬 유리하지. 이런 상품은 잘 안 나오니까 뉴스를 살펴봐야 하는 또 다른 이 유가 되는 거야.

시중은행들의 예금금리가 갈수록 하락하면서 예금자들은 이자에 이자가 붙는 복리예금 상품에 대한 관심을 높이고 있다. 은행권에 따르면 각 시중은행들의 대표 정기예금 상품 금리는 내림세를 보이고 있다. 국민은행 '국민슈퍼 정기예금' 금리는 연 3.76%를 나타냈고 신한은행 '월 복리 정기예금' 금리도 연 3.85%로 떨어지는 등 지속적으로 내리막길을 걷고 있다. 이에 시중은행들은 복리상품 마케팅을 강화하고 있다. 대부분의 시중은행 복리상품은 일반 예금보다 보통 1%포인트 이상 높은 이자를 주고 있다. 1천만 원을 연 5% 5년 만기 예금에 넣으면 단리 상품은 세전 250만 원의 이자가 나오지만 복리상품은 이자가 276만 원에 달한다.

복리(複利)상품의 인기는 꾸준히 계속되고 있다. 유대계 금융가이자 사상 초유의 부호인 로스차일드는 "세계 7대 불가사의는 몰라도 8번째 불가사의는 안다. 그것은 바로 복리"라고 말했다.

복리란 중간에 발생한 이자를 재투자해 '이자가 낳은 이자' 까지를 합계하는 방식을 말한다. 즉, 만기 이전에 1회 이상은 이자를 받는 것으로 하고 이것을 재투자한다는 것을 전제로 해, 재투자한 이자가 또 이자를 낳게 되는데 그것까지 총수입에 가산하는 것이다.

원금 × (1+이율) × (기간)을 공식으로 매년 5%씩 10년간 복리가 되면 62.89%의 이자가 지급되는 셈이다.

복리는 이자율에 시간의 개념을 접목한 것으로 흔히 '이자의 마술' 이라고 불린다. 하지만 단리와 달리 복리는 계산기를 사용하지 않고 계산하기란 쉽지 않다.

예금 금리가 연 4%일 때 월 100만 원씩 36개월간 납입하면 단리상품 이자는 222만 원, 월복리 상품 이자는 230만8834원이다. 이자 차이가 8만 8834원이다. 단리와 복리상품의 이자 차이는 금리가 높을수록, 기간이 길수록 커진다.

매달 원금에만 이자가 붙는 단리에 비해 복리는 체감 이자율이 높다. 복리의 계산은 무척 복잡하기 때문에 이를 간략화한 72 법칙이 사용되기도 한다. '72 법칙'이란 72를 이자율로 나누면 원금이 2배가 되는 데 걸리는 시간을 복리로 계산해 주는 방법이다. 즉 72를 이자율인 10%로 나누어보면 7.2가 되는데(72 ÷ 10 = 7.2), 이는 이자율이 10%일 때 원금이 2배가 되는 데 걸리는 기간이 7.2년이라는 의미다.

독일, 스위스 등 복리를 금지하는 나라도 있지만 우리나라에서는 복리를 허용하고 있다. 하지만 1998년 IMF 외환위기 이후 은행의 이자 부담이 급격하게 늘어나면서 복리상품들이 사라졌었다. 최근 사정이 나아지고 저금리 시대가 오면서 시중은행들은 고객을 확보하기 위해 다양한 월 복리상품을 내놓고 있다.

특히 초저금리 시대가 계속되며 복리상품의 인기는 더욱 커지고 있다. 은행권이 일제히 금리 인하에 나서면서 '실질금리'는 마이너스로 돌아선 지 오래다.

복리상품은 고객이 직접 거치 기간과 연금 지급 기간을 선택할 수 있어 자금 목적에 맞게 운용할 수 있는 장점이 있다. 그렇지만 이들 상품의 경우 만기도 짧고 월 불입 한도도 적다는 점에서 은행들이 제시하는 고금리에 현혹돼서는 안 된다는 지적도 나오고 있다.

복리에 대한 이점이 부각되면서 보험사들이 너도나도 복리 체계로 된

저축성보험을 내놓기 시작했다.

복리 효과를 극대화하기 위해서는 세테크를 활용해야 한다. 동일한 수익을 내는 금융상품이라도 절세 효과, 비과세 혜택 등이 있느냐 없느냐에 따라 실질 수익률은 크게 차이가 난다. 또한 소득공제를 받을 수 있는지 여부도 중요하다.

무엇보다 복리 효과는 시간이 지날수록 위력이 커지기 때문에 최소 10년 이상 투자한다는 마음가짐을 가져야 한다. 단기 수익률에 집착해서는 복리의 마법을 느낄 수 없다.

필수경제용어

● **비과세저축**

이자소득에 세금을 물리지 않는 금융상품으로 직장인들에게 매우 인기가 높다. 보통 금융상품 이자에 대한 세율은 15.4%로 적용되고 있는데, 비과세저축 상품은 이자에 대한 세금이 전혀 없다. 대표적 비과세 저축으로는 장기주택마련저축이 있다.

주가로 돈을 벌 수 있다고?

– ELS, ELD, ELW 등 지수 연동 상품

 이제 슬슬 주식 투자에 눈을 돌려볼까?

 아직 주식에 대해 잘 모르니까 주가지수 연동상품을 알아보는 게 어때?

 그건 주가만 오르면 돈을 벌 수 있는 건가?

 그랬으면 좋겠지만 조건이 다양하니까 잘 살펴봐야 할 거야.

증권시장에 대한 관심이 나날이 높아지면서 주가지수와 연계한 상품들이 봇물처럼 쏟아지고 있다. 특히 과거에는 은행·보험·증권 등 업종 간 뚜렷한 차이를 가지고 금융상품들이 나왔다면 최근 들어 업권을 막론하고 비슷한 이름과 구조의 상품들이 새롭게 나오고 있다. 주가지수 연계 상품은 각 업종의 금융사들이 선택한 공통 상품으로 실질금리 마이너스 시대의 대안 상품으로 꼽히기도 했다.

주가 지수와 연계돼 나온 상품 중 하나가 바로 ELD(주가지수연동예금), ELS(주가연계증권), ELF(주가연계펀드)다. ELD의 경우 은행에서, ELS의 경우 증권사에서, ELF의 경우 운용사에서 판매하는 상품이라고 생각하면 이해가 쉽다.

● ELD

주가연계예금(ELD)은 ELS와 같은 방식으로 투자되면서 예금자보호법의 적용을 받는다는 차이가 있다. ELD는 2002년 국내에 처음 소개된 은행 예금상품으로 주가지수를 기초 자산으로 활용한다. 원금 보장이 되는 점이 가장 큰 특징이며 고객 가입 금액의 일부는 정기예금 등 안전 자산으로 운용하고 나머지는 주가지수 움직임에 연동한 파생상품에 투자하는 상품이다. 투자금의 50~70% 정도는 '금리는 낮지만 안전한 정기예금'에 가입하고, 나머지 30~50%를 ELD에 투자하면 전체적으로 4%가 넘는 수익을 기대할 수 있다고 전문가들은 말한다.

● ELS

좀 더 적극적인 투자자라면 ELS에 관심을 가져볼 만하다. '1년 후 코스피지수가 가입 당시보다 80% 아래로 떨어지지 않으면 연 8% 수익이 가능하다'는 식으로 구조가 짜여 있다. 대부분의 자산을 우량 채권에 투자해 원금을 보존하고 일부를 주가지수 옵션 등 금융 파생상품에 투자해 고수익을 노리는 금융상품으로 2003년 증권거래법(현 자본시장통합법) 시행령에 따라 상품화됐다. ELS의 경우는 주식이나 채권에 비해 손익 구조가 복잡한 편이다. 또 수익률이 높은 반면 원금까지 손실될 위험성도 있다.

ELS는 크게 원금보장형, 원금부분보장형, 원금조건부보장형의 3가지로 나뉘며, 투자 성향에 따라 알맞은 상품을 선택하면 된다. 최근에는 주식이나 주가지수 외에도 원자재, 금과 같은 실물에 연계되거나 물가지수, 채권지수 등에 연계되는 것 등 범위가 다양해지고 있다.

ELS의 경우 주가 조작 혐의로 투자자들의 집단 소송이 이어지는 등 문제 상품으로 등극하기도 했다. ELS 소송 사건의 배경은 이렇다. 2008년 캐나다계 은행 RBC는 포스코와 SK를 기초 자산으로 한 ELS상품을 발행했다. 상환일에 포스코와 SK 주가가 1년 동안 25% 이상 하락하지 않으면 연 22%의 수익을 주고, 만일 25% 이상 하락하면 그 손실을 투자자가 모두 떠안는 조건이었다.

1년 뒤인 2009년 만기 평가일. 장 마감 직전, SK 주가는 매물이 쏟아지며 기준가에 단 0.4% 모자란 74.6%로 마감했고, 투자자들은 기존 조건대로 25.4%의 손실을 봤다. 하지만 무더기 매물의 배후에는 증권사 직원이 있었다. 이 증권사 소속 외국인 트레이더 J씨는 회사가 손실을 볼 것으로 예상되자 SK 주식 7만 주를 무더기로 팔아 주가를 떨어뜨렸다. 증권사는 투자자들에게 줬어야 할 수익 31억 원을 주가 조작을 통해 아꼈지만, 투자자들은 부당하게 큰 손실을 본 것이다.

이는 한 사례일 뿐이고 일부 증권사에서 이러한 정황이 발견되자 집단 소송에 들어간 것이다. 아무래도 주가지수와 연계된 파생상품이다 보니 일반 금융상품보다 구조가 복잡해 소비자들과의 정보 격차가 존재함으로써 이러한 문제가 발생했다는 지적이 있다.

● ELF

은행과 증권사에서 판매하는 ELF(주가연계펀드)는 ELS에 투자하는 펀드로 구조는 ELS와 비슷하다. '코스피200지수가 20% 이하로 상승하면 연 최대 20% 수익을 준다' 는 식이다. ELF 역시 원금 보장형과 비보장형이 있는

데, 예금상품이 아니기 때문에 설령 은행에서 가입하더라도 예금자 보호를 받지 못한다는 점을 유의해야 한다. 또 자칫하다간 만기까지 돈이 묶일 수 있으니 무작정 높은 수익률에 현혹되지 말고 조기환매 달성확률 등을 잘 살펴보는 것이 중요하다.

구 분	ELD	ELS	ELF
성 격	주가지수 연계 옵션 상품을 결합시킨 정기예금	채권과 주식 관련 파생상품을 조합한 증권	주가지수 연계 옵션을 결합한 펀드
판 매 사	은행	증권사	은행, 운용사 등
원금보장	보장	보장 또는 비보장	보장 또는 비보장
예금자보호	보호	비보호	비보호

필수경제용어

● 파생상품

채권과 통화, 주식, 원자재 등 다양한 기초자산을 응용해 만든 금융상품으로 주식 등의 기초자산을 바탕으로 가격이 미래에 크게 오르거나 떨어질 경우 위험을 사전에 피하기 위해 만들어진 복잡한 구조의 금융상품이다. 대표적인 파생상품으로는 선물과 옵션, 스왑 등이 있다.

장마상품으로
집 마련?

– 장마저축 · 장마펀드 등 비과세 금융상품

이럴 줄 알았으면 장마저축을 미리 들 걸 그랬어.

장마저축은 장마철 피해를 대비한 보험 같은 건가?

으이그. 장마저축은 장기주택마련저축을 말하는 거야. 비과세 혜택이 있는 상품이었거든.

버스 떠나고 손 흔들면 뭐해.

정부가 내놓은 이번 세제개편안에 직격탄을 맞은 장마저축 가입자들은 예금 유지와 해지를 두고 고민에 빠졌다. 해지에 따른 불이익이 너무 크기 때문에 쉽게 해지할 수 없는 것이 현실이다. 만기 이전에 해약할 경우 비과세 혜택마저 내놓아야 한다. 여기에 가입 1년 이내에 해지하면 저축 불입액의 8%를 추징세액으로 토해내야 한다. 또 2~5년 내에 해약하면 불입액의 4%를 추징받는다.

내년에 부활하는 재형저축이 직장인들의 재테크 상품으로 뜨고 있다. S은행 관계자는 "재형저축은 연봉 5000만 원 이하 근로자에게 비과세 혜택을 주기 때문에 신입사원들의 재산증식 1호 상품이 될 것"이라고 예상했다.

직장인들이 금융상품에 가입할 때 가장 많이 고려하는 것이 바로 '비과세' 또는 '소득공제' 유무다. 아무래도 소득에 비해 세금을 제하는 부분이 큰 부담으로 느껴지기 때문이다.

장기주택마련저축(이하 '장마저축')과 장기주택마련펀드(이하 '장마펀드')는 집을 소유하고 있지 않은 중산층과 서민들의 고민을 덜어주기 위해 나온 상품이다.

우선 장마저축의 경우 7년 이상 저축할 때 이자 소득에 대해 세금이 부과되지 않는다. 아울러 2009년말 이전 가입한 사람에 한해 연봉 8800만 원 이하인 근로자는 각 연도 저축 불입액의 40% 범위, 최고 300만 원까지 소득공제가 가능하다. 가입은 만 18세 이상의 무주택 세대의 세대주이거나 주택을 한 채만 소유한 세대의 세대주에 한해 가능하고, 분기별로 최저 1만 원에서 최고 300만 원까지 자유롭게 저축이 가능하다.

장마펀드는 장마저축의 낮은 이자율에 실망한 사람들이 눈을 돌리는 펀드다. 운용사에서 운용하는 펀드이지만 비과세와 소득공제가 적용된다.

실적 배당 상품으로 예금과 달리 펀드별 수익률 차이가 크다. 따라서 펀드별 장기 성과를 따져보고, 증시의 상황을 잘 파악한 뒤 가입하는 것이 바람직하다. 여러 계좌를 동시에 유지하는 것도 좋은 방법이다. 펀드 선택을 잘못했다거나 저축상품이 맘에 들지 않으면 새로 계좌를 가입해 여러 개를 유지하면 된다. 수익률이 높은 곳으로 갈아타는 효과뿐 아니라 목돈이 궁할 때 꼭 필요한 만큼만 부분 환매할 수 있다는 장점이 있다. 부분적으로만 환매를 해야 세금 혜택 반납 부담을 최소화할 수 있다.

장마 상품은 집이 있더라도 전용 면적 85㎡(25.7평) 이하 주택(공시 가격 3억 원 이하) 보유자라면 가입이 가능하다. 단독 세대주도 가능하기 때문에 부모님과 같이 사는 경우엔 무주택 세대주로 분가한 뒤 가입하면 된다.

비과세와 소득공제 혜택을 둘 다 받기 위해서는 가입 기간이 적어도 7년 이상은 돼야 한다. 5년 이내에 해지하면 소득세는 물론 그동안 받은 소득공제도 물어내야 한다. 다만 5년에서 7년 사이에 해지하면 배당 소득세 비과세는 못 받지만 그때까지의 소득공제는 유효하다.

소득공제는 그해 불입액의 40%, 최대 300만 원까지 가능하다. 따라서 한도만큼 소득공제를 다 받으려면 월 평균 62만5000원, 연간 750만 원을 불입하면 된다.

하지만 정부는 2012년 세제개편안에서 장마저축에 대한 비과세 혜택을 18년 만에 없애기로 했다. 대신 비과세 재형저축을 부활시키고 장기펀드에 대한 소득공제제도를 새롭게 만들기로 했다.

이처럼 비과세 금융상품은 정부의 정책에 따라 언제든지 바뀔 수 있기 때문에 금융소비자들은 바뀌는 금융정책과 환경을 유심히 살펴볼 필요가 있다.

필수경제용어

● 재형저축

신입사원 1호 통장으로도 불리는 재형저축은 '근로자재산형성저축제도' 라는 긴 이름을 가지고 있다. 총급여 5000만 원 이하 근로자나 종합 소득금액 3500만 원 이하 사업자가 가입 대상이다. 만기 10년 이상인 상품에 가입해야 하며, 2012년 재형저축 비과세가 적용됨에 따라 최장 15년간 이자나 배당소득에 세금을 물리지 않는다. 납입한도는 연간 1200만 원이다.

양육시대

_ 주식과 펀드

01 주식이란 무엇일까
02 테마주와 가치주, 그 기로에서
03 주식 거래는 어떻게 이뤄지나
04 주식의 가치 어떻게 평가할까
05 기업의 살림살이는 어떻게 이뤄질까
06 투자정보의 기본은 공시
07 기업회계 기준이 완전히 바뀐다고?
08 가격을 미리 산다는 것은?
09 펀드와 랩어카운트, 그리고…
10 헤지펀드, 실체가 없다?

경제기사를 보면 좋은 주식이 보인다

주식 거래의 역사는 '쌀 거래' 즉 미곡을 거래하던 거래소가 존재하던 과거로 올라간다. 수십 년 전 우리나라에 회사라는 것이 열 손가락도 다 채우지 못하던 그때, 많은 사람들이 모여 쌀을 거래했다. 이후 석유 등 다양한 원자재들의 거래가 이뤄졌고, 회사의 주식을 사고파는 지금의 주식 거래가 자리를 잡았다. 주식 투자는 비단 현대의 산물이 아닌 역사의 산물인 것이다.

이러한 주식 투자에 대한 관심은 점점 더 확대되고 있다. 단순히 재테크 수단으로서가 아닌 경제를 이해하는 과정에서 주식시장에 대한 이해는 필수 코스다. 주식시장 안엔 기업이 존재하고 실물경제와 거시경제가 모두 존재한다. 또 정치, 사회, 문화 등 다양한 요인들이 얽히고설켜 주식시장이 유지되고 있다.

가령 유력한 대통령 후보가 관련된 주식이 '테마주'로 부각되는 것도 주식시장에 대한 과도한 관심을 보여준다. 이번 단원을 통해 주식시장의 기본을 공부함으로써 주식시장과 한국의 자본시장이 나아갈 길에 대해 생각해보는 것은 어떨까.

01 주식이란 무엇일까
– 주식의 의미, 코스피와 코스닥

세계 최대 소셜네트워크서비스(SNS) 업체 페이스북의 주가가 상장한 지 3개월만에 반토막이 났다. 페이스북 주가는 16일 현재 전일대비 6.27% 하락하며 19.87달러에 장을 마감했다. 지난 5월 기업공개 당시 페이스북 주가는 38달러였다. 페이스북의 시가총액은 거래 첫날 1040억 달러에 오르며 유수의 기업 대열에 올랐지만 계속되는 주가 하락으로 시총 규모가 급격히 줄었다.

부동산에 대한 투자 열기가 사그라들고, 주식에 더 큰 기대를 갖는 투자자들이 많아졌다. '앞으로 강남 아파트보다 삼성전자 주식을 사는 것이 더 좋은 수익률을 기대할 수 있다'는 말이 돌았을 정도다. 이제 주식 투자 방법이 쉬워져 거액의 자산가는 물론이고 일반 직장인들도 많이 관심을 갖는 실정이다.

그러나 우리는 주식을 비단 재테크의 수단 중 하나로만 여길 것이 아니라 세계 경제와 우리나라 경제의 흐름을 한눈에 볼 수 있는 또 다른 시장이라고 봐야 한다. 주식시장은 '생물(生物)'이라는 별칭을 가지고 있다. 하루하루 생생하게 살아 움직이기 때문이다.

경제 신문 역시 이러한 관심을 반영해 주식시장에 대한 기사를 점점 많이 쏟아내고 있다. 주식을 아는 것은 이제 글로벌 경제와 우리나라 경제 그리고 각 업종과 개별 기업들의 동향을 파악하기 위해서라도 중요한 일이 됐다.

특히 주가는 보통 경기보다 6개월 정도 빨리 움직이는 경향이 있어 향후 경기를 가늠하는 척도 역할을 하기도 한다. 때문에 주식 기사를 통해 경제와 투자의 흐름을 예측해볼 수 있다.

주식(stock)에 대해 알아보기 전에 알아야 할 것이 있다. 바로 주식회사다. 앞의 기사는 소셜네트워크 업체로 이름을 알린 '페이스북'이 상장 이후 주가가 급격하게 떨어졌다는 소식을 담고 있다. 수익모델이 불분명한 것이 주가에 반영되면서 주가가 부진한 흐름을 나타내고 있다는 것이다.

상장사들은 모두 주식회사다. 주식회사란 여러 사람이 사업을 위해 자본을 모아 만든 회사를 가리킨다. 그렇다면 주식회사가 일반 사업체와 다른 점은 무엇일까? 주식회사는 여러 사람이 돈을 투자해 만든 곳으로 회사

경영에 관한 책임과 권리가 바로 이 자본의 비중에 따라 정해진다.

주식이란 주식회사가 사업 밑천, 곧 자본금을 마련하려고 발행한 증서를 말한다. 주식은 어원적으로 회사에 대한 사원의 청구권을 의미했지만 오늘날은 자본의 구성 부분, 사원의 지위(사원권 또는 주주권 등)라는 의미를 갖는다. 다시 말해 주식회사를 세우는 데 필요한 자본은 주식으로 구성된다.

100명의 주주가 각각 1억 원을 모아 100억의 자본금으로 주식회사를 설립했다고 하자. 주식 1주당 가격을 1000원으로 정했다면 주식은 총 1000만 주가 발행되고, 100명의 주주들은 각각 10만 주씩의 주식을 보유하게 된다.

상법에 따라 주식회사의 자본은 주식으로 분할해야 하며, 주식의 금액은 균일해야 한다. 따라서 주식은 자본을 균일하게 나눈 단위로서의 금액을 표시한다. 우리는 주식시장에서 그 주식을 사고팔면서 수익을 거두기도 하고 손해를 보기도 하며 경영권을 가져오거나 빼앗길 수도 있다.

또한 주식은 회사에 대한 사원의 지위를 가리키기도 한다. 다른 말로는 지분이라고 하기도 하는데, 주식을 가진 사원을 주주라 한다. 주주는 회사에 대한 여러 권리를 가지며 출자 의무, 자본금을 내는 의무를 부담한다.

주식과 구분해야 할 용어가 있는데 바로 채권이다. 채권이란 정부나 공공기관, 금융기업 등이 사업 자금 마련을 위해 빚을 낼 때 발행하는 증서다. 한마디로 '빚 문서'라고 보면 된다. 통칭 주식과 채권 등을 묶어 유가증권이라고 하며 가볍게 줄여 증권이라고 부른다.

● 주식 vs 채권 ●

구 분	주 식	채 권
발행기관	주식회사	정부, 공공기관, 금융기관, 주식회사, 특수법인 등
자본 조달 형태	자기 자본	부채
경영 참가권	있음	없음
원금 상환	없음	만기 시 원금상환

주식의 대부분은 한국거래소(전 증권거래소)에 상장해 일반 투자자가 사거나 팔 수 있게 된다. 이러한 주식에 값이 매겨지는 것이 바로 주가다. 주가는 해당 기업의 업적이나 경제적, 정치적 요인 등 다양한 이유로 변동하게 된다.

우리나라의 주식은 코스피와 코스닥으로 나뉜다.

코스피시장에서 증권을 유통시키려는 기업은 한국거래소 내 유가증권시장본부(코스피시장 본부)에, 코스닥시장에서 증권을 유통시키려는 기업은 코스닥시장 본부에 각각 심사를 청구해 승인을 받아야 한다. 대부분 자산 규모가 큰 기업은 코스피시장에, 자산 규모가 작은 기업은 코스닥시장에 상장하게 된다. 그런데 코스닥시장이 활성화되지 못하면서 대부분의 기업들이 코스피로만 상장의 발걸음을 돌려 한국거래소의 말 못할 고민이 커지고 있다. 한국거래소 상장 담당자는 "최근 크든, 작든 코스피시장으로만 상장하려는 추세"라며 "기업 가치로 평가받아야 하는데 코스닥이 IT 산업의 폭락이나 투기 등의 이유 때문에 안 좋은 이미지가 너무 커져 버려 문제가 있다"고 말했다.

코스피와 코스닥을 보다 자세히 살펴보자.

코스피지수(KOSPI, Korea composite stock price index)는 국내 종합주가지수다. 제1시장의 주가지수라고 보면 된다. 주가지수란 말 그대로 주가가 어떻게 변했는지 나타내는 수치다. 코스피는 유가증권시장 본부에 상장된 종목들의 주식 가격을 종합적으로 표시한 수치다.

1964년 1월 4일을 기준 시점으로 미국의 다우 존스를 본받아 주가 평균을 지수화한 수정 주가평균지수를 산출해 발표했는데, 점차 시장 규모가 확대돼 감에 따라 1972년 1월 4일부터는 지수의 채용 종목을 늘리고 기준 시점을 변경한 한국종합주가지수를 발표했다. 삼성전자를 비롯해, 포스코, 현대차, KB금융지주, 신한지주, SK텔레콤 등 각 업종을 대표하는 기업들이 상장돼 거래되고 있다. 우리나라를 대표하는 주식 200개 종목의 시가총액을 지수화한 것을 코스피200지수라고 한다. 이들 200개 종목이 전체 주식시장 시가총액의 70% 이상을 차지하고 있다.

코스피지수 = (비교 시점의 상장 종목 시가총액 ÷ 기준 시점의 상장 종목 시가총액) × 100

코스닥(KOSDAQ, Korea securities dealers automated quotation)이란 한국거래소 코스닥위원회가 운영하는 시장으로 미국의 나스닥과 유사한 기능을 한다. 중소, 벤처기업들이 주로 상장돼 있으며 1996년 증권업협회(현 금융투자협회)에 의해 만들어졌다.

처음엔 장외시장으로 분류돼 관리 되었다가 이후 장내시장에 편입됨에 따라 등록이라는 표현 대신 유가증권시장과 마찬가지로 상장이라는 표현을 코스닥에도 적용하게 됐다. 보통 옛 증권거래소 시장에 해당되는 유가증권시장을 통합거래소 상위시장, 코스닥시장을 하위시장이라고 부른다. 유가증권시장보다는 상장 기준이 완화된 편이어서 중소기업이나 벤처기업이 많은 것이 특징이다. 특히 규제가 덜하고 비교적 시장 진입이나 퇴출이 자유롭다.

필수경제용어

● 종합주가지수(코스피)

주가지수는 주식시장 전체의 움직임을 파악하기 위해 작성하는 지수로 우리나라 경제 상황을 총체적으로 보여주는 지표다. 우리나라는 현재 시가총액식 주가지수를 적용하고 있다. 시가총액식 주가지수는 일정 시점의 시가총액과 현재 시점의 시가총액을 대비, 현재의 주가 수준을 판단하는 방식이다. 이러한 종합주가지수의 개념은 〈월스트리트저널〉의 창간자인 찰스 다우(Charles H. Dow)가 개발했다. '시장평균주가'는 개별 종목의 가격과 종목에만 의존해왔던 당시 투자자들에게는 획기적인 개념이었다. 시장 전반의 추세를 알 수 있게 해줬기 때문이다.

● 시가총액

전 상장 주식을 시가로 평가한 금액을 일컫는다. 주식시장이 어느 정도의 규모를 가지고 있는가를 나타내는 지표다. 따라서 다른 금융 자산과의 비교, 국가 간 주식시장의 비교에도 유용하다. 시가총액의 증감과 다른 주가지수를 비교함으로써 주가 변동의 내용을 알 수 있다.

테마주와 가치주, 그 기로에서
– 주식의 종류와 용어 알기

 뉴스를 보니까 A유업 주식이 갑자기 상승하던데?

 A유업이 평창에 땅이 있는데, 올림픽 때문에 그곳을 개발한다고 하더라고. 테마주라는 거지.

 테마주가 나쁜 거야?

 기업 가치보다는 정책에 의해 움직이니까 거품이 많이 낄 수 있어. 주식에도 많은 종류가 있으니까 잘 살펴봐야 해.

'안철수 테마주'가 안철수 서울대 융합과학기술대학원장의 대선 출마 기대감으로 동반 상승했다. 17일 코스닥시장에서 안랩은 오전 9시38분 현재 전날보다 0.58% 오른 12만1200원에 거래됐다. 또다른 안철수 테마주로 분류되는 미래산업과 한국정보공학은 각각 전일보다 1.98%, 1.99%씩 상승했다.

안철수 서울대 융합과학기술대학원장은 전일 전주를 방문하면서 본격적으로 대선 행보에 나선 게 아니냐는 해석이 분분하다.

주식의 종류는 어떤 기준을 적용하느냐에 따라 다르게 나뉜다. 경제기사에서 많이 다뤄지는 주식 용어들을 먼저 살펴보자.

1) 테마주 vs 가치주 vs 성장주

우선 테마주와 가치주를 구분해보자. 테마주란 주식시장에 어떤 이슈가 있을 때 관심을 받는 주식을 가리킨다. 테마주의 경우 과도한 쏠림으로 형성된 버블이 일정 기간 후에 꺼짐으로써 폭락할 가능성이 있다는 것을 유념해야 한다.

기사는 테마주가 이슈에 따라 울고 웃는다는 것을 여실히 보여주고 있다. 정치인 테마주는 물론 정부 정책과 국제 행사 유치와 관련된 테마주들은 증권시장에서 일희일비하는 모습을 보여주며 가치투자와 반대의 길을 걸어가고 있다.

강원랜드는 평창테마주로 지칭되기 전까지는 별다른 주목을 받지 못했다. 하지만 평창이 올림픽 개최지로 결정될 경우 여러 가지 수혜를 받을 가능성이 부각되면서 주가가 많이 올랐다.

평창테마주 외에도 녹색성장에 대한 관심으로 부각되고 있는 녹색성장주, 개성공단 진출 등 남북 경제협력과 관련된 남북경협주, 이명박 정부 들어와 추진된 4대강 정책 때문에 만들어진 4대강 테마주 등 여러 종류의 테마주가 시장에 나왔다. 이러한 테마주들은 언론 기사를 통해 부각되는 경우가 많다.

테마주들은 이슈가 전면에 부각되며 처음엔 주가가 크게 오르지만 곧 급락하는 경우가 많아 개미 투자자의 손실을 키우고 있다는 지적을 받고 있다.

그렇다면 가치주는 무엇일까. 가치주는 기업의 이익에 비해 주가가 현저히 낮은 주식이다. 주가의 변동이 크지 않아 안정성이 있지만 단기간에 높은 수익을 내기는 힘들다.

가치주에 투자하는 대표적인 펀드가 바로 신영자산운용의 '마라톤펀드'와 한국밸류운용의 '10년펀드' 다. 이들 펀드는 기업 가치에 비해 주가가 싼 기업들을 찾아 집중 투자했다. 한동안 좋은 성과를 냈지만 가치 투자를 할 만한 기업들이 많이 사라져 한계에 도달한 것이 사실이다. 신영자산운용 관계자는 "물론 여전히 싸고, 좋은 기업들이 숨어 있긴 하겠지만 점점 찾기 힘들어지고 있다"고 전했다.

가치주의 반대는 성장주로 대표된다. 성장주란 현재 수익은 적지만 장래 신제품·신기술 등이 수익에 기여할 가능성이 있는 기업의 주식을 말한다. 성장주는 적은 주당이익(PER)과 자산 가치에도 불구하고 높은 성장 기대 때문에 높은 주가가 실현되는 주식이다. 기업의 재무구조가 양호하고, 동종업계에서의 시장점유율이 우월한 기업들이 성장주로 꼽힌다. 또한 영업실적이 지속적으로 증가해야 한다.

사실 가치주와 성장주를 구분하기가 쉽지 않다는 이야기를 증권업계 관계자들은 많이 한다. 그리고 구분이 무의미하다는 이야기도 한다. 가치주가 곧 성장주가 될 수 있고 성장주가 곧 가치주가 될 수 있기 때문이다.

2) 대형주 vs 중소형주

크기로 주식을 나눠보면 중소형주와 대형주로 구분할 수 있다. 주식은 시가총액의 규모에 따라 나뉘는데 코스피 시장에서는 상장된 주식 가운데

1~100위를 대형주, 101~300위를 중형주, 301위 이하를 소형주라고 한다. 시가총액 규모가 작은 주식을 통상 중소형주라고 한다. 대형주는 주가의 변동폭이 작아 안정성이 높은 편이다. 반면 중소형주는 주가의 변동폭이 커서 리스크가 크지만 그만큼 높은 수익을 기대할 수 있다.

3) 보통주 vs 우선주

보통주와 우선주도 꼭 알아둬야 한다. 보통주는 일반적인 주식이며 각 주식은 평등한 권리를 가진다. 일반적으로 주식이라 할 때는 보통주를 말하며, 회사가 단일 종류의 주식만을 발행하는 경우에는 특별히 이 명칭을 붙일 필요는 없다. 주식을 보유한 주주는 해당 기업의 주인으로서 손실에 대한 책임과 함께 주요 사안을 결정할 수 있는 의결권이 주어진다. 보유한 주식 수만큼 권리를 행사할 수 있다.

반대로 우선주란 의결권이 없는 주식을 가리킨다. 의결권이 없는 대신 배당에서 우선권을 준다. 시장은 의결권을 더욱 높게 평가하기 때문에 대부분 보통주의 주가가 우선주의 주가를 앞선다. 우선주의 주가가 앞설 경우 기이 현상으로 판단한다.

4) 경기방어주 vs 경기민감주

경기방어주는 경기 변동과 상관없이 일정한 가격 수준을 유지하는 기업의 주식을 가리킨다. 다시 말해 경기의 호전, 위축과는 상관이 없거나 경기의 영향을 별로 받지 않는 업종의 주식이라고 볼 수 있다. 경기가 좋지 않아도 반드시 소비해야 하는 업종이 대부분으로 전력, 가스, 철도, 통신 등 공공재와 의약품, 식료품, 주류 등 생필품 업종에 속한 기업의 주식이 경기

방어주라고 볼 수 있다.

반대로 경기민감주는 경기가 변동할 때마다 주가가 큰 폭으로 오르내리는 기업의 주식을 가리킨다. 불황일 때 판매량이 줄어들면 재고량이 늘면서 주가도 동시에 하락한다. 반대로 호황일 때 판매량이 느는 동시에 재고량이 줄면서 주가도 상승하는 구조다. 자동차, 철강, 항공, 운수, 석유화학, 건설 업종 등이 경기민감주에 속한다.

5) 내수주 vs 수출주

내수주란 국내 시장에서만 사업을 하는 기업의 주식을 가리킨다. 금융업이 대표적인 내수주다. 실제 보험사들의 수입보험료 중 해외 부문이 차지하는 비중이 1%도 채 되지 않는다고 금융당국이 밝힌 바 있다. 은행과 증권도 마찬가지 수준이다. 이들 내수주들은 국내 사업에만 집중하는 경향이 있다. 통신주도 대표적인 내수주다. 국내 시장은 이미 포화상태에 이른 곳이 많기 때문에 내수주는 성장에 한계가 있는 것이 사실이다.

반대로 수출주는 해외 수출을 주로 하는 기업들의 주식이다. 삼성전자, 현대차 등이 대표적인 수출주다. 이들 수출주들은 환율 현황이 기업 수익에 직접적인 영향을 미치기 때문에 수출주 투자에 있어서는 환율 추세를 같이 봐야 한다.

서울시장 선거와 대통령 선거에 안철수 서울대 교수가 출마한다는 말이 퍼지자 주식시장은 '안철수 테마주'가 주목을 받았다. 안철수 교수가 세운 '안철수 연구소'는 안 교수의 서울시장 출마 소식 이후 연일 급등세를 이어가다 결국, 출마하지 않는다는 소식에 급락세로

돌아섰다. 전형적인 테마주의 예다. 안타까운 것은 기업 가치가 아무리 좋아도 이렇게 테마주로 분류되고 나면 조그마한 소식에 급등, 급락을 반복하는 사례가 발견되곤 한다는 것이다.

주식 투자에 있어, 기업을 제대로 평가하는 것이 얼마나 중요한 것인지 알려주는 대표적인 예다.

필수경제용어

● 모멘텀

모멘텀이란 말은 주식 관련 기사에서 흔히 볼 수 있다. 모멘텀이란 원래 물리학 용어로 '동력'을 말한다. 추진력, 여세, 타성이라고도 말할 수 있다. 주식시장에서는 주가가 상승추세를 보일 경우 얼마나 가속을 붙여 움직일 수 있는지를 나타내는 지표가 된다. 주가를 움직일 수 있는 자극이 있느냐를 나타내는데 예를 들면 유상증자 소식이라든지, 신사업 진출, 정부의 정책발표 등이 모멘텀이다. 모멘텀은 주가의 변동을 알아내는 기준이 되기 때문에 중요하다.

주식 거래는
어떻게 이뤄지나
– 매수와 매도 등 주식 거래 관련 용어 알기

 주식 거래를 하고 싶어도 무슨 말인지를 잘 모르겠네.

 몇 가지 용어만 알면 주식 거래가 그렇게 어려운 건 아니야.

 뭐든지 공부를 해야 하는군.

 아빠로서 공부하는 모범을 보이라고!

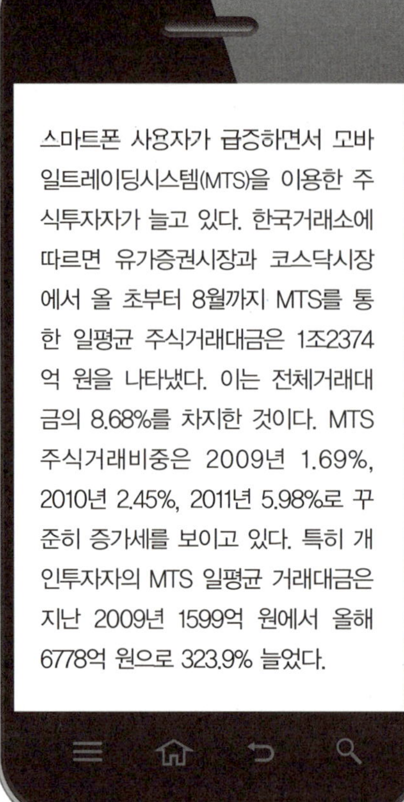

주식 시장에 대해 이해하려면 우선 주식 거래가 어떻게 이뤄지는지 이해할 필요가 있다. 주식 거래를 어렵게 생각하는 사람들이 많지만 사실 몇 가지 용어들만 알아도 쉽게 할 수 있다.

거래를 하려면 가장 먼저 주식계좌를 개설해야 한다. 계좌를 개설하는 방법은 2가지가 있다. 증권사 지점에 가거나 증권사와 제휴한 은행에 가서 계좌를 개설하는 것이다. 제휴은행은 거래할 증권사의 홈페이지에서 확인하면 된다. 어떤 증권사를 선택해서 매매할 것인가는 중요한 일이다. 매매수수료와 사용할 수 있는 홈트레이딩시스템(HTS)이 달라지기 때문이다. 투자자에게 가장 적합한 HTS를 제공하고, 가장 적은 매매 수수료를 공제하는 증권사를 택하는 것이 바람직하다.

HTS란 고객 전용 증권거래 시스템으로서 국내 투자자들이 압도적으로 많이 이용하는 수단이다. 증권사 직원을 통해 매매하는 방법도 있지만 더 비싼 수수료가 적용되고, 이용하는 데 불편해서 대부분의 주식투자자들은 HTS를 선호한다.

최근 경제기사에 가장 많이 등장하는 것은 스마트폰을 이용한 주식거래다. 스마트폰 애플리케이션에서 HTS를 사용할 수 있도록 한 것이다. 이를 MTS(모바일 트레이딩 시스템)라고 한다. 스마트폰 주식거래가 급속히 확산되고 증권사간 경쟁이 치열해지면서 수수료가 저렴해졌다.

수수료는 주식을 거래할 때 증권사에 내는 비용이다. 즉 거래비를 지불하는 것이다. 0.1%도 상당히 낮은 수준인데, 최근 0.015%로 하향 조정했다.

그렇다면 주식거래는 어떻게 이뤄지는 것일까. 먼저 HTS를 컴퓨터 또는 스마트폰에 설치한다. 해당 증권사의 홈페이지에 가면 다운로드받을 수 있다. 그 다음 주식 매수매도 화면으로 간다. 매수란 주식을 사는 것, 매도란 주식을 파는 것이다. 원하는 종목과, 단가, 수량을 입력한 후 매수 또는 매도를 누르면 된다.

주식을 사기 위해 내놓는 주문은 사자주문(매수주문), 주식을 팔기 위해 내놓는 팔자주문(매도주문)이 있다. 주문이란 보통 어느 종목을 1주당 얼마씩 몇 주를 사거나 팔겠다는 내용을 말한다.

전국의 주식투자자들이 낸 매매주문은 각지의 증권사 영업점을 연결한 전산통신망을 타고 증시로 모여 최종거래가 이뤄진다. 이때 각자 가격이나 수량 면에서 맞아떨어지는 투자자가 있어야 최종 거래가 이뤄진다.

코스닥시장에서는 주식을 1주 단위로 매매할 수 있지만 코스피시장에서는 원칙적으로 5만 원 이상 종목은 10주 단위로 끊어서 주문해야 한다.

　또한 주식거래를 할 때는 미수금이 발생하지 않도록 단가와 수량을 잘 계산해야 한다. 미수금이란 받지 못한 돈이란 뜻이다. 아파트의 매매과정을 보면 고객은 먼저 계약금을 낸 뒤 해당 아파트의 법적인 관계 등을 모두 따져본 다음 입주할 때 잔금을 치른다. 주식거래도 마찬가지인데, 계약금에 해당하는 것이 위탁증거금이다. 위탁증거금 비율은 정해져 있지 않지만 통상 주식매매대금의 20~40%선에서 결정된다.

　주식을 사려고 하는 고객이 증권사에 위탁증거금을 내고 주식 매매계약을 체결하면, 잔금을 치르는 결제일은 사흘 뒤가 된다. 결제일에 고객이 나머지 잔금을 내지 않으면 증권사 입장에서는 그 돈이 미수금이 된다. 미수금이 발생하면 증권사는 투자자가 샀던 주식을 되팔아 돈을 회수한다. 때문에 미수금이 발생하기 전에 자금을 미리 채워놓아야 손해를 보지 않는다.

　주식 주문은 기본적으로 월요일 오전 9시부터 금요일 오후 3시까지 열리는 정규시장에서 진행한다. 이 시간에 이뤄지는 거래는 장내주문이라고 한다. 하지만 실제로 코스피시장과 코스닥시장에서는 정규매매 시간이 시작되기 전이나 후에도 주문과 거래가 가능한 '시간외 매매' 제도가 적용되고 있다.

　오전 7시 30분부터 오전 8시 30분까지 전일 종가로 매매하고, 장이 마감된 오후 3시에서 오후 3시30분 사이에는 당일 종가로 거래가 가능하다. 마지막으로 오후 3시 30분에서 오후 6시에는 단일가로 매매된다. 당일 종가의 총 5% 범위 내에서 시세가 움직이며 총 5회에 걸쳐 진행된다.

● **시가**

장 시작할 때(오전 9시) 가격.

● **종가**

장 끝날 때(오후 3시) 가격, 종가는 그 다음 날의 기준가격이 된다.

● **저가**

장 중 가장 낮은 가격.

● **고가**

장 중 가장 높은 가격.

● **동시호가**

'동시호가'란 동시에 가격을 부른다는 뜻으로, 일정한 시간대(개장 때는 오전 8시~9시, 폐장 때는 오후 2시 50분~3시)에 접수한 호가를 동일한 시간에 접수한 것으로 보고 매도호가와 매수호가의 합계 수량이 합치되는 하나의 가격으로 매매를 일괄 체결시키는 것을 말한다.

주식의 가치 어떻게 평가할까

– 주식 평가지표 알기

이제 대략 주식을 거래하는 방법은 알겠는데, 좋은 종목을 고르는 법을 모르겠어.

어제 PER 분석해놓은 기사 못 봤어?

그게 무슨 소리야?

기사를 대충 보니까 모르는 거야. 그게 바로 가치 있는 종목을 고르는 방법이었어.

기업의 가치를 나타내는 지수는 여러 가지가 있다. 그중 ROE란 자기자본이익률로 Return on Equity를 줄인 말이다. 여기서 Equity에 대한 이해가 먼저 필요하다. Equity란 기업의 순수 자기자본을 가리킨다. 쉽게 말해 순수한 내 몫을 뜻한다. 예를 들어 은행 대출 5억 원을 받아 아파트를 10억 원에 샀다면 현재 나의 순수한 Equity는 5억 원이다. 나중에 이 아파트가 12억 원으로 오른다면 나의 Equity는 7억 원으로 불어난다. 주식에서 Equity도 회사가 망해 청산을 할 때 각 주주에게 돌아갈 수 있는 순수한 지분을 말한다.

그럼 다시 ROE로 돌아가 보자. ROE는 순이익을 자기자본으로 나눈 값이다. 순이익이란 1년 동안 벌어들인 수익에서 법인세 등 제할 비용들을 모두 제한 뒤 순수하게 남은 당기순이익을 가리킨다. 이 지표를 통해 기업이 주주가 맡긴 돈을 활용해 1년간 몇 %의 수익을 내는지 알 수 있다. ROE가 높을수록 주주의 돈을 잘 불려주는 기업이다. 만약 주주의 돈(자기자본)을 활용해 5%의 이익을 내면 은행 금리 정도의 수익률을 올리는 기업이고, 30%의 이익을 내면 고수익을 올리는 기업이라고 판단하면 된다.

PER(주가수익비율)이란 price earning ratio의 약자로 주식의 1주 가격을 주당순이익(EPS)으로 나눈 값으로 이익승수(earning multiplier)라고도 한다. 현재 주가가 주당순이익의 몇 배인가를 나타낸다. PER이 높으면 기업이 영업활동으로 벌어들인 이익에 비해 주가가 높게 평가됐다는 뜻이고, 반대로 PER이 낮으면 이익에 비해 주가가 낮게 평가됐음을 의미해 주가가 상승할 가능성이 크다. 순이익이 1000억인 기업에 PER 100을 적용하는 것은 순이익의 10배를 주고 주식을 매수한다는 뜻이다.

PBR(주가순자산비율)이란 price book-value ratio의 약자로 주식의 1주 가격을 순자산장부가액으로 나눈 비율이다. 주가가 순자산(자본금과 자본잉여금, 이익잉여금의 합계)에 비해 1주당 몇 배로 거래되고 있는지를 측정하는 지표다. 순자산이란 대차대조표의 총자본 또는 자산에서 부채(유동부채 + 고정부채)를 차감한 후의 금액을 말한다. PER이 주주들이 가지고 있는 주식 1주당 벌어들이는 순이익 대비 현재 주가의 프리미엄이 몇 배냐를 따지는 것이라면 PBR은 주식 1주의 순자산 대비 현재 주가 프리미엄이 몇 배냐를 따지는 것이다. 이 수치가 낮으면 낮을수록 해당기업의 자산가치가 증시에서 저평가되고 있다고 볼 수 있다. 즉, PBR이 1 미만이면 주가가 장부상 순자산가치(청산가치)에도 못 미친다는 뜻이다.

● EPS(earning per share)

주당순이익. 하나의 주식이 일 년 동안 벌어들인 수익을 가리킨다. 경영자의 경영성과를 판단할 때 활용된다.

● BPS(book-value per share)

주당순자산. 기업의 자산 충실도를 나타낸다. 금융기관 등에서 투자지표로 활용하는 지표이다.

● 주가지표 공식 정리

PER = 주가 ÷ 당기순이익

PBR = 주가 ÷ 자기자본

ROE = (당기순이익 ÷ 자기자본) × 100

● 액면가

처음 발행하는 주식의 금액은 주식 액면에 표시하게 된다. 이를 액면가 또는 발행가라고 한다. 액면가는 현재 100원, 200원, 500원, 1000원, 2500원, 5000원 중에 하나를 선택할 수 있다. 무액면 주식은 액면가를 표시하지 않고, 액면에 지분율만 표시한 주식이다. 해당 주식이 자본금의 몇 %에 해당하는지 그 지분율만 표시한다. 주식시장의 매매를 통해 정해지는 가격을 시장가격인 시가(시세)라고 하는데, 사업이 잘되면 액면가의 몇 배를 뛰어넘는 가격으로 거래될 수 있다. 반면 사업이 부진하거나 기업의 가치가 낮아 액면가도 되지 않는 가격에 거래되는 주식도 있다.

기업의 살림살이는 어떻게 이뤄질까
– 기업실적과 재무제표 이해하기

 기업의 가치를 분석한 지표는 이제 대략 알지? 이제 그러면 재무제표를 분석해보는 게 어때?

 애널리스트들이 다 분석해 놓았는데 뭐하러?

애널리스트들의 분석을 다 믿으면 안 된다는 거 몰라? 우리 아이 제대로 키우려면 재무제표 보는 법쯤은 알아야지.

끄응.

금융감독원은 25일 2000년말 결산법인의 감사보고서 공시를 앞두고 감사보고서 활용방법과 이용 시 주의점을 안내했다.

감사보고서는 회사가 작성해 감사인에게 제시한 '재무제표(주석 포함)'에 대해 감사인(공인회계사)이 감사를 실시하고 수행한 감사 절차와 수행결과를 기재한 것이다. 여기에는 회사가 작성한 재무상태표, 손익계산서, 자본변동표, 현금흐름표, 재무제표에 대한 주석이 첨부된다. 감사절차를 적절히 수행하지 못한 경우(감사범위제한) 또는 재무제표에 회계기준 위반사항이 있을 경우, 감사보고서의 중간문단에 자세히 기재된다. 감사의견은 회사의 재무제표가 회계기준에 따라 작성되었는지 여부에 대한 의견일 뿐이므로 회사 재무건전성이나 경영성과의 좋고·나쁨을 표시하는 것은 아니다. 재무제표의 적정성 판단기준인 회계기준은 일정한 원칙에 따라 적용되는 일반기준으로 개별회사의 경제적 실질이나 상황을 정확히 표시하지 못할 수 있다.

상장사들은 분기(3월, 6월, 9월, 12월)마다 기업 실적을 공시(공개)해야 한다. 기업이 회계상 한 시기를 마감하는 것을 결산한다고 표현한다. 경제기사들은 결산 실적에 대한 발표를 다루는 것은 물론, 실적 전망에 대한 내용을 미리 다루기도 한다. 특히 결산 실적은 주가의 움직임에 큰 영향을 미치기 때문에 관심이 높다.

기업들의 실적이 집중적으로 발표되는 시기를 가리켜 '어닝 시즌(earning season)'이라고 한다. 기업이 시장의 예상보다 저조한 실적을 발표하면 어닝 쇼크(carning shock), 예상보다 높은 실적을 발표히면 어닝 서프라이즈(earning surprise)라는 표현을 쓴다.

분기별 실적은 규정에 따라 분기 마감 후 45일 이내에 이뤄져야 한다. 일반적으로 실적이 좋은 회사들은 일찍 공개하고, 좋지 않은 회사들은 최대한 늦게 발표하는 경향이 있다. 각 기업들의 공시는 금융감독원 전자공시시스템 사이트(http://dart.fss.or.kr)에서 확인할 수 있다.

● 삼성전자 실적발표 ●

| DART 삼성전자 | 본문 | 2011.07.29 연결재무제표기준영업(잠정)실적(공정공. ▼ |
| | 첨부 | +첨부문서선택+ ▼ |

연결재무제표 기준 영업(잠정)실적(공정공시)(한국채택국제회계기준 적용기업)

※ 동 정보는 잠정치로서 향후 확정치와는 다를 수 있음.

1. 연결실적내용

구분(단위 : 백만원, %)		당기실적 ('11.2Q)	전기실적 ('11.1Q)	전기대비증감율(%)	전년동기실적 ('10.2Q)	전년동기대비 증감율(%)
매출액	당해실적	39,438,854	36,985,017	6.63%	37,891,918	4.08%
	누계실적	76,423,871	36,985,017	-	72,529,988	5.37%
영업이익	당해실적	3,751,880	2,948,536	27.25%	5,014,212	-25.18%
	누계실적	6,700,416	2,948,536	-	9,419,824	-28.87%
법인세비용 차감전순이익	당해실적	4,164,585	3,387,759	22.93%	5,314,019	-21.63%
	누계실적	7,552,344	3,387,759	-	10,286,922	-26.58%
당기순이익	당해실적	3,506,364	2,784,738	25.91%	4,276,915	-18.02%
	누계실적	6,291,102	2,784,738	-	8,270,685	-23.93%
-		-	-	-	-	-

그렇다면 기업의 현재 상태와 향후 발전가능성을 알 수 있는 자료는 없을까.

기업의 가치는 그 기업을 통째로 사기 위해 필요한 금액이라고 볼 수 있다. 다르게 말하면 기업의 가치는 그 기업이 미래에 창출할 모든 수익의 현재 가치를 가리킨다고도 볼 수 있다. 아울러 기업의 가치는 그 기업이 보유한 순자산의 가치이기도 하다.

이 세 가지 기준에 의한 기업의 가치가 현실에서는 동일하게 맞아떨어지지 않는다. 해당 기업의 수익과 자산에 대해서는 과거의 자료를 통해 알 수 있지만 현재와 미래는 알기 힘든 것이 사실이다. 재무제표를 봐야 하는 이유가 바로 여기에 있다. 재무제표 분석을 통해 기업의 현재와 미래를 가늠해볼 수 있는 것이다.

재무제표는 기업의 과거에 대한 기록이다. 이 과거의 기록을 통해서 기업의 미래를 읽는 사람이 현명한 투자자의 길로 들어설 수 있다. 기업의 가치는 미래의

현금흐름에 의해서 결정되는데 미래의 현금흐름을 예측하기 위한 지표가 되는 것이 바로 재무제표다. 재무제표를 지속적으로 들여다보면 어느 순간 기업이 튼튼한 재무구조를 가졌는지, 앞으로 안정적인 수익을 가져다 줄 것인지 파악할 수 있다.

재무제표는 대차대조표, 손익계산서, 현금흐름표 등으로 구성된다. 이 중에서 대차대조표와 손익계산서는 반드시 알아둘 필요가 있다.

대차대조표란 기업의 재정 상태를 한눈에 알아볼 수 있도록 만들어진

표다. 기업의 자산은 자본과 부채로 이뤄져 있다. 대차대조표는 쉽게 말해 '자산 = 자본 + 부채'를 하나의 표에 나타낸 것이다.

자산은 유동자산과 고정자산으로 나누는데, 소유하고 있는 자산 중에서 1년 이내에 현금화할 수 있는 자산을 유동자산, 그렇지 못한 자산을 고정자산이라고 한다. 이와 마찬가지로 1년 안에 갚아야 하는 부채는 유동부채, 1년 이후에 갚게 될 부채는 고정부채라 일컫는다.

자본은 자본금과 이익잉여금으로 나뉜다. 자본금은 주식을 발행해 얻은 주주들의 투자금이며, 이익잉여금은 회사의 이익을 말한다.

대차대조표가 '현 자산은 얼마인가?'를 알 수 있게 해주는 표라면 손익계산서는 '장사를 얼마나 잘했나?'를 알 수 있게 해주는 표다.

손익계산서는 월이나 분기 등 일정 기간 동안의 기업의 수익과 비용을 대조해 순이익을 나타내는 장부다. 손익계산서는 일련의 흐름을 나타내고 있어 기업의 수익 구조를 한눈에 볼 수 있게 해준다. '매출 − 원가 및 비용 = 손익'이라는 계산식으로 일 년 동안 기업의 경영실적을 보여준다. 손익계산서의 흐름은 우측과 같다.

여기서 매출액이란 회사의 상품이나 제품을 판매하고 받은 대금을 가리킨다. 매출액에서 영업비용인 매출원가와 판매관리비를 빼면 기업이 사업으로 창출한 이익인 영업이익이 나온다. 영업이익이 많아도 부채 탓에 이자 지출이 많을 경우 순이익은 현저히 감소하게 된다. 가장 마지막 항목에 위치하고 있는 당기순이익은 기업이 내는 세금을 제외한 가장 순수한 이익이다.

● 삼성전자 2012년 6월 반기보고서(손익계산서) ●

	제 44 기 반기		제 43 기 반기
	3개월	누적	3개월
수익(매출액)	47,596,979	92,867,496	39,438,854
매출원가	29,971,206	60,109,580	26,827,122
매출총이익	17,625,773	32,757,916	12,611,732
연구개발비	2,872,922	5,601,303	2,464,123
판매비와 관리비	8,359,387	15,126,520	6,373,997
기타영업수익	507,577	894,597	256,918
기타영업비용	176,928	350,130	278,650
영업이익(손실)	6,724,113	12,574,560	3,751,880
법인세비용차감전순이익(손실)	6,730,055	13,080,320	4,164,585
법인세비용	1,536,635	2,838,439	658,221
계속영업이익(손실)	5,193,420	10,241,881	3,506,364
당기순이익(손실)	5,193,420	10,241,881	3,506,364
당기순이익(손실)의 귀속			
지배기업의 소유주에게 귀속되는 당기순이익(손실)	5,049,042	9,909,936	3,456,956
비지배지분에 귀속되는 당기순이익(손실)	144,378	331,945	49,408
주당이익			
기본주당이익(손실)	0	0	0
희석주당이익(손실)	0	0	0

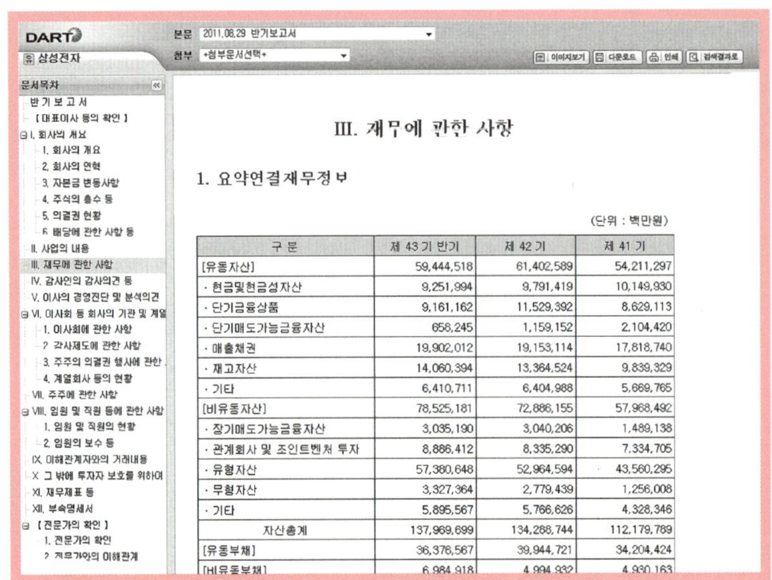

III. 재무에 관한 사항

1. 요약연결재무정보

(단위 : 백만원)

구 분	제 43 기 반기	제 42 기	제 41 기
[유동자산]	59,444,518	61,402,589	54,211,297
· 현금및현금성자산	9,251,994	9,791,419	10,149,930
· 단기금융상품	9,161,162	11,529,392	8,629,113
· 단기매도가능금융자산	658,245	1,159,152	2,104,420
· 매출채권	19,902,012	19,153,114	17,818,740
· 재고자산	14,060,394	13,364,524	9,839,329
· 기타	6,410,711	6,404,988	5,669,765
[비유동자산]	78,525,181	72,886,155	57,968,492
· 장기매도가능금융자산	3,035,190	3,040,206	1,489,138
· 관계회사 및 조인트벤처 투자	8,886,412	8,335,290	7,334,705
· 유형자산	57,380,648	52,964,594	43,560,295
· 무형자산	3,327,364	2,779,439	1,256,008
· 기타	5,895,567	5,766,626	4,328,346
자산총계	137,969,699	134,288,744	112,179,789
[유동부채]	36,376,567	39,944,721	34,204,424
[비유동부채]	6,984,918	4,994,932	4,930,163

마지막으로 현금흐름표는 투자자에게 특히 중요한 재무제표다. 현금흐름표는 기업의 현금유입과 현금유출을 표시한 것이다. 영업활동으로 인한 현금 유출입인지, 아니면 투자활동이나 재무적인 요인에 의한 것인지 등을 자세히 파악할 수 있다.

사실 재무제표는 기업을 평가하는 데 가장 기본적인 도움을 주지만 그렇다고 해서 절대적인 평가 기준이 되는 것은 아니다. 그 기업이 어떤 기술력을 가지고 있는지, 지속적으로 성장할 수 있는 가능성이 있는지 등을 재무제표만을 보고 판단할 수는 없기 때문이다. 다만 재무제표, 그 중에서도 대차대조표와 손익계산서만큼은 기업분석의 기초이자 기업의 현 상태를 알 수 있는 기본적 기준으로서 알아둘 필요가 있다.

재무제표를 허위로 작성하는 분식회계도 경제기사에서 많이 다뤄지는 내용이다. 분식회계란 기업의 재정상태나 경영 실적을 부풀리려고 부당한 방법으로 재무제표를 작성하는 것이다. 분식회계는 특히 불황기에 자주 일어나며 분식회계를 하다가 시장에서 퇴출 당하는 기업도 많이 생기고 있다. 분식회계로 작성된 재무제표를 보고 투자했다가 손해를 본 투자자도 많이 발생하고 있기 때문에 주의해야 한다.

필수경제용어

● 현금흐름표

기업의 현금 흐름을 나타내는 표로, 영업활동으로 인한 현금 흐름, 투자활동으로 인한 현금 흐름, 재무활동으로 인한 현금 흐름으로 구분하여 표시한다. 이에 일정 기간(분기, 반기, 회기) 초입의 현금을 가산해 끝날 때의 현금을 산출하는 방식으로 표시한다. 영업활동에 의한 현금 유입은 매출, 이익, 예금이자, 배당수입 등이 있다. 반면 판공비, 대출이자, 법인세 등은 유출되는 비용이다. 투자활동에 의한 현금 유출은 유가증권, 토지 매입, 예금 등이 있고, 이러한 자산을 매각함으로써 현금이 들어온다. 마지막으로 재무활동에 의한 현금 유입은 단기차입금의 차입, 사채, 증자 등이 있고, 단기차입금, 사채 상환 등으로 현금이 나간다.

투자정보의
기본은 공시

– 기업 공시기사 이해

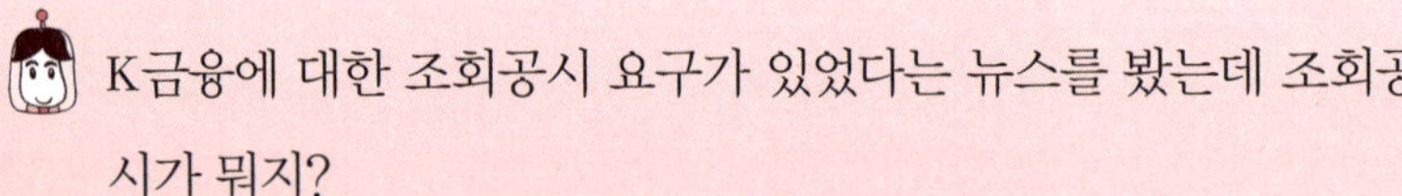

증권시장에서 가장 많이 나오는 기사가 바로 공시 기사다. 언론사들은 앞다퉈 공시 내용을 해석해 속보 기사를 내보내고 있다. 그만큼 공시가 주식시장에 미치는 영향이 크기 때문이다.

공시란 투자자의 투자 판단에 영향을 미칠 만한 사항들, 즉 회사가 자사의 경영 상태나 재무 내용을 포함해 자사 발행 증권에 관한 내용을 일반에 공개하는 것이다. 일반적으로 금융감독원의 전자공시시스템을 통해 공시 내용을 확인할 수 있다.

위의 두 기사는 각각 오전과 오후에 나온 기사다. 첫 번째 기사는 KB금융지주가 생명보험사 인수를 추진하는가를 확인하기 위한 조회공시다.

● 조회공시 예 ●

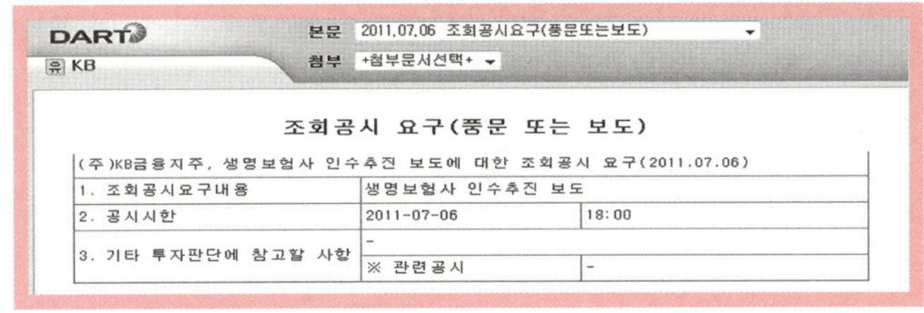

DART	본문	2011.07.06 조회공시요구(풍문또는보도)
(유) KB	첨부	+첨부문서선택+

조회공시 요구 (풍문 또는 보도)

(주)KB금융지주, 생명보험사 인수추진 보도에 대한 조회공시 요구(2011.07.06)

1. 조회공시요구내용	생명보험사 인수추진 보도	
2. 공시시한	2011-07-06	18:00
3. 기타 투자판단에 참고할 사항	-	
	※ 관련공시	-

조회공시란 공시에 관련된 소문이나 언론이 보도한 사실의 진위를 확인하는 차원에서 기업이 시장관리자인 한국거래소나 금융감독원 등의 요청이 있으면 그에 대한 답변을 하는 공시이다. 조회공시를 요구받은 상장사는 공시 요구 시점이 오전인 경우에는 당일 오후까지, 오후인 경우에는 다음날 오전까지 공시해야 할 의무가 있다. 다만 부도나 영업활동 정지 등 퇴출기준에 해당하는 중요 사안의 경우에만 예외로 요구일로부터 1일 이내에 공시할 수 있다.

조회공시는 기업의 답변을 가장 확실하게 들을 수 있는 통로이기도 하지만 기업에서는 항상 구체적으로 확정된 것이 없다는 다소 일관된 답변을 내놓기 때문에 주의해서 볼 필요가 있다.

기사와 같이 KB금융지주는 오전 조회공시 요구를 받아 같은 날 오후 공시를 통해 답변했다. 고려는 했지만 아직까지 확정된 바는 없다는 내용이다. 사실상 생보사 인수 결정이 날 때까지 투자자들은 보다 세심히 공시를 지켜볼 필요가 있다.

이 외에 공시의 종류를 보면 기업이 자율적으로 내놓는 자진공시도 있고 투자자를 보호하라는 뜻에서 금융감독기관과 증시관리자가 증권을 유통시키는 공개기업에 법률과 규칙을 의무화한 의무공시도 있다. 구조조정, 합병, 증자, 배당, 자사주 매매, 최대주주 변경 등은 모두 의무적으로 공시해야 한다.

공시를 주기로 분류하면 증권을 발행할 때 회사 상황을 알리는 발행공시, 정기적으로 사업실적을 보고하는 정기공시, 증권 발행사가 수시로 내놓는 수시공시, 공정공시, 기타 공시 등이 있다.

1. 발행공시- 증권신고서, 투자설명서
2. 정기공시- ㄱ. 사업보고서, 반기보고서, 분기보고서
          ㄴ. 주요사항보고서
3. 특수공시- ㄱ. 공개매수 신고서
          ㄴ. 5% 지분 관련 신고서
          ㄷ. 의결권 대리행사 권유제도

발행공시제도는 투자설명서와 증권신고서제도로 구성된다. 증권신고서란 투자자를 보호하고 건전하게 자금을 조달하기 위해 유가증권과 회사의 내용을 기재한 서류다. 상장사는 금융위원회에 신고서를 제출하고 금융위가 이를 수리한 날로부터 일정한 기간이 경과해야 모집이나 매출을 할 수 있다.

투자설명서는 말 그대로 증권의 모집과 매출을 위해 일반투자자에게 제공하는 투자권유문서다. 증권신고서가 전문가들을 위한 문서라면 투자설명서는 일반투자자들을 대상으로 한 문서다.

정기공시는 일정기간에 걸친 기업의 영업실적과 일정시점의 재무상태를 나타내는 정기적 보고서를 작성해 전달하는 것이다. 사업보고서, 반기보고서, 분기보고서 등이 이에 해당한다.

수시공시란 법인의 영업활동을 통해 발생하는 중요한 변동사항을 금융위원회와 한국거래소에 신고해 일반투자자 모두에게 공개하도록

하는 제도다.

공정공시란 상장사가 공개되지 않은 정보를 특정 소수에게만 선별적으로 제공하는 것을 방지하고 투자자 간 정보의 공평성을 확보하기 위해 만든 제도다. 상장사가 공시되지 않은 중요 정보를 특정인에게만 제공하고자 하는 경우, 그 특정인에게 제공하기 전에 거래소에 신고해야 한다. 향후 사업계획, 매출액 등의 경영실적에 대한 예측이나 전망 등이 포함된다.

공시를 보면서 최근의 정보를 담고 있는 것이 맞는지 파악해야 한다. 다음으로는 내용이 애매하거나 불성실한 공시는 아닌지 판단해야 한다. 불성실공시에 대해서는 엄격한 조치가 이뤄진다. 조회공시를 불이행하거나 공시를 번복했을 때, 그리고 변경했을 때 가장 심하게는 매매거래가 정지될 수도 있다. 공시는 기업을 자세하게 들여다볼 수 있는 중요한 정보다. 이 때문에 금융당국은 투자자들이 잘못된 공시 정보로 피해를 입지 않도록 투명하고 자세하게 공시할 것을 요구하고 있다.

투자자들 역시 공시를 통해 기업을 공부함으로써 좋은 기업을 찾아내는 안목을 길러야 한다. 숫자만이 기업을 상세히 말해줄 수 있다.

필수경제용어

● **모집**

50인 이상의 투자자에게 새로 발행되는 증권 취득의 청약을 권유하는 것.

● **매출**

50인 이상의 투자자에게 이미 발행된 증권을 매도 청약을 하거나 매수 청약을 권유하는 것.

07

기업회계 기준이
완전히 바뀐다고?
– 한국 채택 국제회계기준(K-IFRS)

 이제부터 상장기업을 분석하려면 IFRS를 꼭 알아야 한다고 하는 뉴스가 나왔는데 들었어?

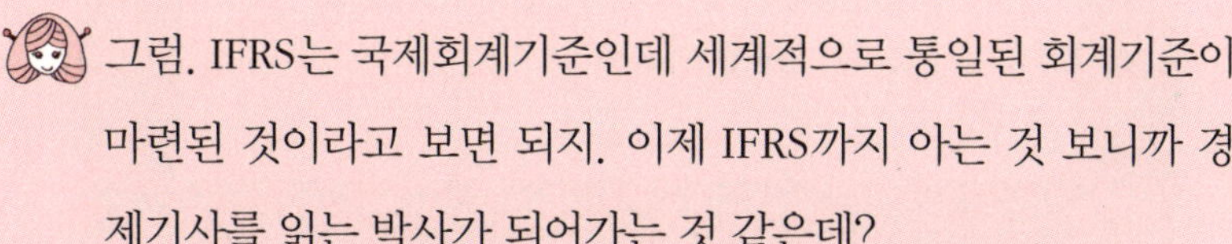 그럼. IFRS는 국제회계기준인데 세계적으로 통일된 회계기준이 마련된 것이라고 보면 되지. 이제 IFRS까지 아는 것 보니까 경제기사를 읽는 박사가 되어가는 것 같은데?

 이쯤이야, 뭘. 아이한테 똑똑한 아빠라고 자랑하려면 이 정도는 되어야지.

지난해 K-IFRS(한국채택 국제회계기준)가 도입되면서 상장사의 연결재무제표 작성 비율이 절반을 넘어섰다. 10일 금융감독원의 'K-IFRS 연결재무제표 공시현황 및 감독방향'에 따르면 상장사 1738개 중 연결재무제표로 사업보고서 등 공시자료를 작성한 회사는 유가증권 581곳, 코스닥 646곳 등 총 1227곳으로 전체의 70.6%를 차지했다.

이는 종전 회계기준(K-GAAP)을 적용한 전년도(47.4%)에 비해 23.2%포인트 늘어난 것이다. 코스닥 상장사 작성 비율이 34.5%에서 64.2%로 대폭 늘어났다. 상장사가 보유한 전체 종속회사도 전년도와 비교해 64.5% 급증했다. 연결재무제표 작성 상장사 1곳당 평균 6.5개의 종속회사를 보유하고 있는 걸로 집계됐다. 종전 회계기준 적용 시 종속회사에서 제외됐던 자산총액 100억 원 미만 회사, 사모펀드 등이 신규로 포함되면서 종속회사 숫자가 급증한 것으로 보인다.

2011년부터 국내 기업회계기준이 IFRS(international financial reporting standards)로 바뀌었다.

기업회계기준이란 재무제표의 실질적인 내용이 되는 회계처리에 필요한 사항으로 회계측정기준과 재무제표의 형식상의 표시방법 등 재무보고에 필요한 사항을 규정한 회계원칙이다.

한국은 원래 K-GAAP를 기본 회계원칙으로 적용하고 있었다. GAAP(generally accepted accounting principles)란 일반적으로 인정된 회계원칙으로서 특정한 회계처리 관습이 오랜 기간에 걸쳐 실무에서 광범위한 지지를 받아 사용된 결과 이제는 하나의 원칙으로 형성되어 있다는 것을 의미한다. GAAP는 개별재무제표가 중심이 되며 객관적 평가가 어려운 항목은 취득원가로 평가한다.

반면 IFRS는 국제 회계기준위원회가 제정한 글로벌 회계기준을 의미한다. 우리나라는 1997년 IMF(국제통화기금) 금융위기를 겪으면서 국제 회계기준의 도입을 요구받게 됐다. 상당 기간의 준비과정을 거쳐 2011년부터 2조 원 이상의 상장법인은 K-IFRS를 적용하게 됐다. GAAP의 주 재무제표가 개별재무제표였던 것과 달리 IFRS는 연결재무제표가 주 재무제표가 된다.

연결재무제표란 지배회사의 연결실체를 파악하기 위해 지배회사의 별도재무제표와 연결대상 종속회사의 개별재무제표를 더해 작성하는 것이다. 지분의 50%를 넘거나 사실상 지배하거나, 특수목적으로 운영하는 기업 등이 연결대상에 포함돼 범위가 넓다. 따라서 연결대상 종속회사의 변동에 따라 재무제표가 영향을 받는다는 것이 특징이다.

IFRS의 또 다른 특징은 원칙 중심의 회계기준을 적용한다는 것이다. IFRS가 등장하기 전까지 각국의 GAAP는 대부분 각 나라, 각 산업에 적합한 실무 중심의 회계원칙이었다. 그래서 나라별, 산업별 실무 지침을 하나의 회계기준에 모두 포함시키는 것이 불가능했다. 이에 따라 IFRS는 재무보고에 포함돼야 할 내용을 원칙에 입각해 규정하고 세부적인 계산 절차나 표시방법은 원칙을 벗어나지 않는 범위 내에서 재량적으로 보고 허용하는 원칙 중심의 회계기준으로 만들어졌다. 따라서 IFRS를 적용하는 과정에서 광범위한 전문가적인 판단이 요구되게 된다.

아울러 IFRS는 공정가치를 중시해 기존 회계기준에서 취득원가로 계상하던 자산-부채 중 상당 부분에 대해 공정가치를 인정하고 있다. 공정가치를 적용하는 항목은 금융상품과 금융부채, 유무형 자산, 투자부동산, 퇴직급여충당부채 등이다.

재무제표의 명칭과 구조도 변경된다. 대차대조표가 재무상태표로 그 명칭이 변경됐으며 이익잉여금처분계산서가 주 재무제표에서 제외된다.

국내 상장사는 2011년부터 의무적으로 K-IFRS를 적용해 재무제표를 작성해야 하며, 회사의 선택에 따라 2009년부터 조기 적용할 수 있도록 했다. 다만 비상장사는 K-IFRS를 적용하거나 추후 제정될 별도의 회계기준을 적용할 수 있다.

국내기업 중에서 2009년도에 IFRS를 적용한 기업은 KT&G, STX팬오션, 풀무원홀딩스, 풀무원, 영진양품, 코스모화학 등 일부다.

● 공정가치(fair value)

공정가치란 합리적인 판단력과 거래의사가 있는 독립된 당사자 사이에서 자산이 교환될 수 있는 금액을 가리킨다. 공정가치 평가는 자산별로 그 적용이 선택 또는 의무화됐다. 공정가치는 과거 원가법으로 표시된 자산 가치를 보다 현실성 있는 현재의 가치로 나타내는 데 목적을 두고 시장가치 중심의 자산 가치로 평가하는 것을 말한다.

● 원가법

재고자산의 한 평가방법으로서 기말 재고자산을 평가할 때 취득가액을 그 자산의 평가액으로 하는 방법을 말한다. 쉽게 말해, 실제 구입한 원가로 자산을 평가하는 것을 의미한다.

● 연결재무제표

기업은 다른 기업의 주식을 취득하여 보유함으로써 그 기업에 대한 지배력을 갖게 된다. 이렇게 지분 관계를 통해 한 회사가 다른 회사를 지배할 수 있는데, 이때 두 회사를 서로 지배, 종속의 관계에 있다고 표현한다. IFRS에서 주목할 점은 지배종속관계에 있는 연결 실체 내의 모든 회사는 비록 법적으로는 서로 다른 별개의 회사인 것처럼 보이더라도 경제적 실질 관점에서 한 회사라면 결국 한 회사로 인정해야 한다는 점이다. 연결재무제표는 연결 결산 과정을 통해 만들어지며 지배회사의 투자주식과 종속회사의 자본을 서로 상계하여 제거한다.

08

가격을 미리 산다는 것은?

– 선물과 옵션, 프로그램 매매

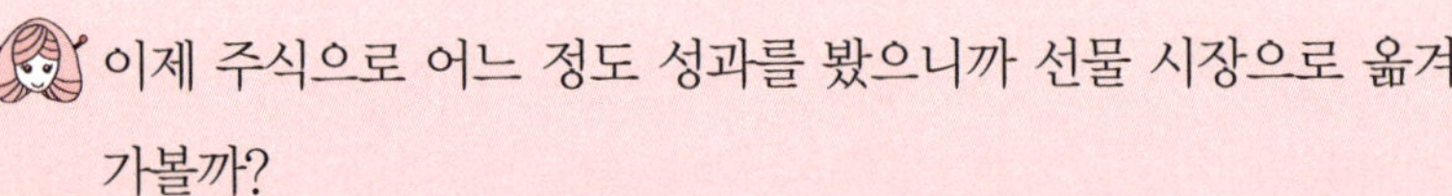

 이제 주식으로 어느 정도 성과를 봤으니까 선물 시장으로 옮겨 가볼까?

그동안 열심히 했다고 선물을 주려는 거야?

 잘한다고 칭찬해줬더니……. 그 선물이 아니라 미래에 인도될 상품의 가격을 미리 정해서 거래하는 것을 선물이라고 하는 거야.

난 아직 멀었구나.

8월 옵션만기일 외국인의 폭발적인 순매수가 이어지며 코스피가 2% 가까이 급등하면서 옵션시장에서는 희비가 엇갈렸다. 지수 상승을 예상하고 콜옵션을 산 투자자들은 높은 수익을 냈지만 매수가 몰렸던 풋옵션 대부분은 손실률이 컸다.

9일 외국인은 유가증권 시장에서 1조5천억 원 순매수를 기록했고, 코스피는 전 거래일 대비 1.96% 상승한 1,940.59를 기록했다.

10일 한국거래소에 따르면 전일 행사가 255.0인 콜옵션은 지난 8일 종가 대비 611% 급등하며 3.20포인트에 거래를 마쳤다. 가격으로 환산하면 160만 원으로 하루 만에 137만5천 원이 오른 것이다. 행사가가 257.5인 콜옵션도 전 거래일보다 600% 급등해 0.91포인트에 장을 마쳤다.

주식시장은 크게 현물시장과 선물시장으로 나뉜다. 현물시장은 매매가 이뤄지는 동시에 주식 소유권이 옮겨간다. 하지만 선물시장은 미래의 특정 시점에 인도될 상품을 거래하는 시장을 가리킨다. 때문에 계약이 먼저 체결되고 소유권의 이전은 약정된 미래에 이뤄지게 된다.

선물거래는 크게 상품선물거래와 금융선물거래로 나뉜다. 상품선물은 콩, 옥수수, 감자 같은 곡물과 금, 은과 같은 귀금속 광물, 원유 등이 거래된다. 금융선물은 통화, 금리, 주가지수선물로 나뉜다.

주가지수 선물거래란 코스피200지수에 일정한 금액을 곱한 금액을 1개의 거래단위로 해서 사고파는 거래를 가리킨다. 향후 지수가 얼마가 될지에 배팅하는 것으로 정확한 예측을 한 사람이 돈을 벌게 된다. 코스피200지수 선물의 경우 돌아오는 3월, 6월, 9월, 12월 둘째 주 목요일의 지수를 맞히는 상품이다. 선물지수가 상승하면, 주가가 상승할 것으로 전망하는 사람이 많다는 뜻으로 현물지수에도 영향을 미친다. 선물거래를 하려면 증권사 지점에 가서 를 개설해야 한다.

주가지수 옵션은 미래의 정해진 시기에 정해진 가격으로 상품을 사고 팔 수 있는 권리를 가리킨다. 주가지수 옵션에는 콜옵션과 풋옵션의 2가지 종류가 있는데, 일정의 프리미엄을 지급하고 옵션을 산다.

옵션거래는 기초 자산의 오르고 내림에 따라 돈을 벌 수도, 손해를 볼 수도 있다. 이를 위해 콜옵션과 풋옵션을 구분할 필요가 있다.

콜옵션은 매수할 권리를 옵션에 적용한 것이다. 콜옵션을 산 사람이 옵션거래 만기일 또는 결제일에 권리를 행사할지 결정한다. 권리를 행사하면 해당 상품을 사는 것이고, 포기하면 이미 지급한 프리미엄만큼의 손해를 보게 된다.

풋옵션은 매도할 권리를 옵션에 적용한 것이다. 풋옵션을 산 사람이 결제일에 옵션 권리를 행사해 해당 상품을 팔지, 프리미엄을 포기할지 결정한다.

예를 들어 코스피가 1000에서 800으로 떨어지면 콜옵션을 가지고 있던 투자자는 그 옵션을 행사할 수 없게 되고, 그 결과 투자자는 투자금 전부를 잃게 된다. 과거 미국의 9·11 사태로 미국 증시가 폭락할 당시 풋옵션을 가지고 있던 투자자들이 막대한 이익을 본 사례가 있다. 하지만 테러와 같은 특수한 사건을 예상하고 풋옵션을 가지고 있던 투자자는 많지 않았고, 계속하여 주가가 상승할 것을 예상해 콜옵션을 가지고 있던 투자자들이 대부분이었는데 그 투자자들은 모두 큰 손실을 보았다.

옵션거래는 고대 메소포타미아의 상인들이 노예나 곡물 등을 대상으로 가격 변동의 위험성을 헤지(hedge)하고자 선도거래를 한 것에서 유래한다. 노예나 곡물의 가격은 수시로 변하기 때문에 1달 후의 가격이 어떻게 형성

될지 모르는 상황에서 1달 뒤 노예 한 명의 가격을 100으로 하자고 하여 미래의 거래를 현재에 체결한 것이다. 1달 뒤 노예 1명의 가격이 100보다 높을 경우에는 노예를 사는 사람이 이익을 취하게 되고, 100보다 낮을 경우에는 파는 사람이 이익을 취하게 되는데, 그 변동의 위험을 100으로 헤지하는 것이다.

위험 헤지의 수단으로 이용되었던 거래가 이제는 하나의 투자 대상이 되었지만 옵션거래는 도박만큼 위험한 거래다. '하이 리스크 하이 리턴(high risk high return)'이라는 말처럼 파생상품은 이익이 높은 반면 위험도 크다. 옵션 등 파생상품에 투자하고자 할 때에는 그 위험성을 이해하고 신중하게 투자해야 한다.

선물거래를 하려면 베이시스(basis)에 대해서도 이해해야 한다. 선물가격에서 현물가격을 뺀 것(선물가격−현물가격), 즉 보유비용을 베이시스라고 한다. 베이시스가 0보다 높을 때, 즉 '양'이면 콘탱고(contango)라고 부르며 정상시장이라 부른다. 반대로 베이시스가 0보다 낮을 때, 즉 '음'이면 백워데이션(backwardation)이라 부르며 비정상시장이라 한다. 대개 주가가 하락할 것으로 예상되는 경우 백워데이션이 발생하며, 반대로 주가가 상승할 것으로 예상되는 경우 콘탱고 현상이 나타난다.

컴퓨터 프로그래밍을 이용해 차익거래에 나서는 방법도 있다. 바로 프로그램 매매다. 프로그램 매매란 주식을 매매할 때 미리 입력된 컴퓨터 프로그래밍을 통해 다수의 종목을 한꺼번에 대량 매매하는 방식이다.

투자 전략을 컴퓨터에 미리 입력해 놓으면 시장 상황에 따라 프로그램이 자동으로 매매를 진행하기 때문에 프로그램 매매라고 부르게 되었다.

프로그램 매매는 차익거래가 주를 이룬다. 차익거래란 현물과 선물 중 저평가된 것을 매수하고 고평가된 것을 매도한 후 만기일에 현물과 선물의 가격이 일치됐을 때 이익을 실현하는 거래를 가리킨다. 차익거래의 기준은 선물가격과 현물가격의 차이인 베이시스다.

비차익거래는 베이시스와 무관하게 현물 바스켓을 매수 또는 매도하는 것을 말한다. 비차익거래는 주식시장에 새로운 정보가 흘러들어와 효율적인 가격으로 조정된다는 긍정적인 면이 있는 반면에 코스피지수를 급변하게 해 시장을 혼란시킨다는 부정적인 면도 있다.

기관투자자들의 프로그램 매매는 현물과 선물거래를 동시에 수반하기 때문에 주가지수의 변동성을 크게 확대시키는 요인으로 작용하는 경우도 있다.

대표적인 경우가 미국의 '블랙먼데이'다. 1987년 10월 19일 월요일, 미국의 다우지수가 단 하루 동안 508포인트(22.6%) 급락한 날을 말한다. 이 사건은 포트폴리오 보험으로 인한 선물 대량 매도 주문과 프로그램 매매가 이어지면서 현물과 선물의 매도 주문이 잇달아 나와 시장이 급격히 떨어진 것으로 분석됐다.

필수경제용어

● 사이드카

사이드카는 전 거래일에 가장 거래가 많았던 선물지수가 6% 이상 내리거나 올라 1분간 지속될 경우 5분 동안 프로그램의 매도 또는 매수를 정지시키는 조치다. 투자자들의 심리를 안정시키기 위해 도입된 제도다.

09

펀드와 랩어카운트,
그리고…
– 펀드와 랩어카운트 간접투자 문화 읽기

 요즘은 랩어카운트가 인기라는데 우리도 한번 해볼까?

 랩어카운트가 수익률이 높다는 이야기가 있었지만 요즘은 그렇지도 않은 모양이던데. 게다가 랩어카운트는 투자 하한선이 있어서 우리 수준에서는 아직 무리야.

 일단 우리 수준부터 파악하라는 말이군.

주식에 투자하는 방법으로는 직접 투자와 간접 투자, 두 가지가 있다. 직접 투자가 '투자자가 투자할 주식을 직접 골라 거래를 진행' 하는 거라면, 간접 투자는 자산운용사에서 운용하고 있는 펀드, 투자자문사에서 운용하고 있는 랩어카운트 등의 금융상품을 통해 주식시장에 투자하는 것이다.

이번에는 간접 투자의 대표격인 펀드에 대해 알아보자. 펀드란 불특정 다수를 대상으로 자금을 모금해 실적에 따라 배당하는, 실적 배당형 금융상품이다. 종류는 주식, 채권 등 유가증권에 주로 투자하는 증권펀드가 있고, 초단기 채권에 투자하는 MMF(money market fund), 선박, 석유, 금, 금속 등 실물자산에 투자하는 실물펀드, 부동산에 투자하는 부동산 펀드, 선물—옵션 등 파생상품에 투자하는 파생상품 펀드, 다른 펀드에 투자하는 재간접펀드 등으로 나뉜다.

우리가 일반적으로 알고 있는 것은 국내 주식에 투자하는 주식형 펀드다. 주식에만 최소한 60% 이상 투자하는 펀드를 가리킨다. 좀 더 보수적으로 회사채나 국채 같은 채권에만 투자하면 채권형 펀드로 분류되고, 주식과 채권에 같이 투자하면 혼합형 펀드로 불린다.

펀드의 종류는 주식투자 성향으로도 나뉜다. 우선 성장성이 높은 주식을 중심으로 투자하면 성장주펀드, 기업의 가치에 비해 저평가된 주식에 주로 투자하면 가치주펀드라 한다. 배당금을 많이 주는 주식에 투자하면 배당주펀드, 주가지수를 추종하는 투자방식을 채택하면 인덱스펀드 등으로 나뉜다.

이 밖에도 삼성그룹 계열사에 투자하는 펀드를 가리켜 삼성그룹주 펀드, 돈을 넣는 방식에 따라서 매달 일정금액을 불입하는 펀드를 적립식 펀드, 한꺼번에 돈을 넣어놓는 방식은 거치식 펀드, 펀드 자금 모집 방법에 따라서 일반 투자자를 대상으로 만들어진 펀드는 공모펀드, 소수의 특정인을 대상으로 만들어진 펀드는 사모펀드라 한다.

그렇다면 펀드의 수익률은 어떻게 결정될까. 펀드는 투자자별로 증권을 사는 시점과 환매하는 시점이 다르기 때문에 가격의 상승률로 계산한다.

펀드 자산은 2000년대 들어 꾸준히 증가해 왔다. 우리나라 역시 미래에셋금융그룹을 중심으로 한 공모펀드의 인기가 상상을 불허했다. 투자자들은 저금리 기조 속에서 높은 수익률을 앞세운 펀드에 대한 기대감을 키워갔다. 하지만 그것도 잠시, 시장이 불안한 흐름을 보이자 대량 환매 현상이 나타났다.

이른바 펀드런(fund run) 현상이다. 펀드런이란 투자자들이 펀드가 부실해질 것이라는 소식을 듣고 환매하겠다고 달려드는 새로운 금융 패닉의 일종이다. 은행이 부실해질 것이라는 우려로 자금을 빼가는 뱅크런(bank run)과 유사하다.

펀드런이 발생한 데는 여러 가지 이유가 있겠지만, 랩어카운트(wrap account)의 탄생도 한몫했다. 랩어카운트란 포장하다의 랩(wrap)과 계좌(account)를 합친 용어로 여러 가지 종류의 자산운용 관련 서비스를 하나로 구성해 고객이 원하는 대로 구성해 제공하는 자산 종합관리계좌를 말한다. 공모펀드와 달리 고객 요구를 반영한 '맞춤형 투자'를 추구하기 때문에 수수료는 높은 편이고, 주로 주식, 채권, 뮤추얼펀드 등으로 포트폴리오를 구성해서 운용한다.

일반적으로 개인이 증권사와 거래할 경우 특별한 관리자 없이 상담이 진행되지만, 랩어카운트는 증권사와 고객이 약정을 맺고 특정 관리자를 지정해 그 해당 직원으로부터 총체적인 자산관리를 받을 수 있다.

랩어카운트는 미국에서 1975년에 처음 도입됐다. 랩어카운트는 뮤추얼펀드와 주식형 수익증권 등 간접 투자 상품이 발달돼 있어야만 제대로 효과를 볼 수 있는 제도다. 수수료는 개별 업무별로 따로 받지 않고 종합수수료로 처리한다.

랩어카운트의 자산 규모는 2008년 10조4000억 원 수준이었지만 2011년 상반기에는 29조 원에 다다르는 등 급격히 성장했다. 직접 주식을 골라 투자하자니 위험 부담이 크고, 펀드에 넣어놓자니 믿음이 안 가는 투자자들이 선택할 수 있는 대안으로 평가받고 있는 상품이다.

랩어카운트의 종류는 일임형과 자문형으로 나뉜다. 일임형 랩은 금융상품에 대한 투자를 증권사나 투자자문사에게 맡기는 방식이며 자문형은 자문사가 추천하는 소수의 종목에 집중 투자하는 방식이다. 자문형 랩어카운트는 동일 항목 투자한도와 주식 최저 편입 제한, 성과보수에 제한이 없다.

주식형 펀드가 약 40~60종목에 자산 배분을 하는데 비해 랩어카운트는 10~15종목으로 제한돼 있어 적합한 종목을 선택한다면 집중투자가 가능하고 더 높은 고수익을 올릴 수 있다. 물론 보다 큰 위험을 감수해야 한다.

필수경제용어

● 환매

환매란 사전적 의미로는 일단 '남에게 팔았던 물건을 도로 사들인다'는 개념을 담고 있다. 경제 분야, 특히 펀드에서 환매 개념은 펀드 투자를 중단하고 중도해약한다는 의미로, 자산운용사에서 투자금을 되찾아가는 것이다. 약정된 기간을 채우지 못한 투자금액에 대해서는 환매 수수료를 부과한다.

● 뮤추얼펀드

뮤추얼펀드란 투자자들의 자금을 모아 투자회사를 설립해 주식이나 채권, 선물, 옵션 등에 투자한 후 이익을 나눠주는 증권투자회사다. 투자자 입장에서는 전문 펀드매니저가 운용해주는 간접투자라는 점에서 자산운용사의 수익증권과 크게 다르지 않다. 펀드 자체가 주식회사로 설립되나 이는 서류상의 회사로 실체가 없고 실제 뮤추얼펀드의 자산운용은 자산운용전문회사가 담당하게 된다. 투자자는 회사의 주주로 직접 참여하게 된다. 투자원금이 보장되지 않으며 운용실적에 따라 원금에 손실이 발생할 수 있기 때문에 신중한 선택이 필요하다.

10

헤지펀드, 실체가 없다?

– 헤지펀드 이해하기

하나만 더 물어볼게. 헤지펀드가 뭐야? 우리나라도 시행한다는데.

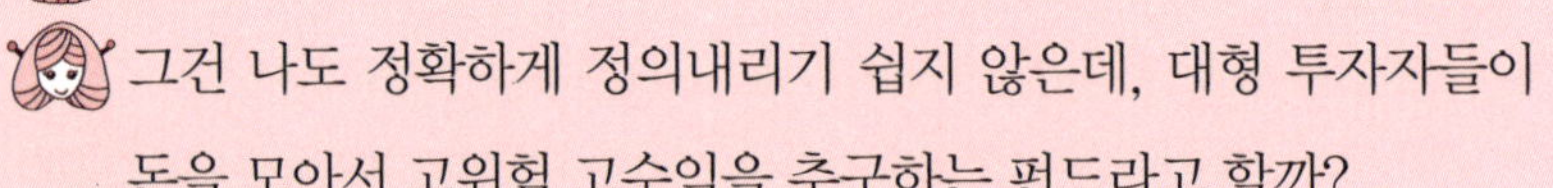
그건 나도 정확하게 정의내리기 쉽지 않은데, 대형 투자자들이 돈을 모아서 고위험 고수익을 추구하는 펀드라고 할까?

일반인이 시도하기는 쉽지 않겠네.

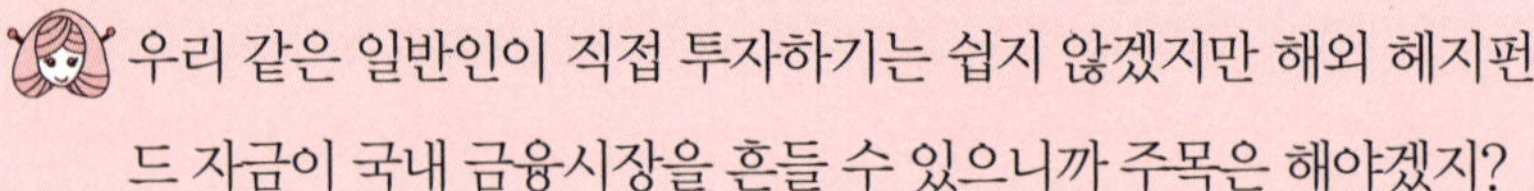
우리 같은 일반인이 직접 투자하기는 쉽지 않겠지만 해외 헤지펀드 자금이 국내 금융시장을 흔들 수 있으니까 주목은 해야겠지?

금융당국이 대신증권과 대우증권의 헤지펀드 설립 인가를 서두르고 있다. 금융위원회에 따르면 이달 안에 대신증권과 대우증권의 헤지펀드 운용사 설립 예비 인가를 진행할 방침이다. 이들 두 증권사를 포함한 주요 증권사의 주가연계증권(ELW) 소송이 진행 중이지만 헤지펀드 산업을 키우려는 당국의 의지가 더 크게 작용하고 있다는 분석이 제기되고 있다.

헤지펀드(hedge fund)는 1949년 미국의 앨프리드 존스가 처음 만든 것으로, 원래 위험을 회피하기(hedge) 위해 여러 나라의 다양한 상품에 분산 투자한다 해서 헤지펀드라는 이름이 붙여졌다. 그러나 1990년대 이후부터 이러한 기능이 변질되기 시작되며 고위험 고수익을 추구하는 투기펀드를 지칭하는 말로 쓰이고 있다. 현재 전 세계에 수천 개가 넘는 헤지펀드가 활동하고 있는 것으로 알려져 있으며 수익에 세금을 물리지 않는 조세피난처 국가에 헤지펀드 본사를 두는 경우가 많다.

한국에도 헤지펀드 도입 논의가 활발하게 이뤄져 왔다. 2007년 정부의 자본시장통합법 입법 추진 당시 '한국형 헤지펀드'를 도입한다는 목표를 세웠다. 정부가 헤지펀드를 허용하려는 주된 이유는 헤지펀드 자체의 도입보다도 프라임 브로커리지 활성화를 통한 글로벌 IB(투자은행)를 육성하기 위해서다. 프라임 브로커리지란 헤지펀드의 설립, 운용과 관련한 제반 업무를 대행해주는 원스톱 서비스 증권사를 말한다. 자금, 주식대여, 주문체결, 결제, 보관, 법률, 회계자문 등 헤지펀드 운용에 필요한 모든 서비스를 제공하면서 이자수입, 거래수수료, 결제수수료 등을 받는다.

한국형 헤지펀드를 도입하기 위한 방법에는 어떤 것들이 있을까. 크게는 재간접펀드와 직접운용으로 나눌 수 있다. 재간접펀드란 우수한 국외 헤지펀드를 발굴해 판매하는 방식이다.

금융위원회가 발표한 초기 시행령에 따르면 개인투자자의 최소 가입한도를 높게 설정해 초기 시장 안정화에 초점을 맞췄다. 또한 외국과 다르게 헤지펀드를 등록하려면 사전에 등록해야 하는 사전등록 방식을 채택했다.

헤지펀드 사업을 진행하려면 자산운용사의 경우 수탁액 4조 원 이상, 증권사의 경우 자기자본 1조 원, 투자자문사는 일임계약 5000억 원 이상이어야 한다. 이렇듯 자본금 요건을 강화한 것은 우선적으로 헤지펀드 시장을 활성화시키기보다 투자자를 먼저 보호하기 위한 장치를 마련한 것이다.

'한국형 헤지펀드'는 공격적이고 역동적 투자를 감행하는 헤지펀드 특성을 살리기 위해 투자대상의 범위는 확대하되, 가입자 범위는 보수적으로 접근한 것이 특징이다. 토종 헤지펀드들이 국내 자본시장을 넘어 세계 자본시장에서 어떤 활동 역량을 보여줄지 기대된다.

필수경제용어

● 조세피난처 국가

법인의 실제 발생 소득의 전부나 상당 부분에 대해 조세를 부과하지 않는 국가나 지역을 가리킨다. 보통 완전조세회피 무세지역인 택스 파라다이스, 국외소득 면세국인 택스 쉘터, 특정 법인에 대해 면세를 부여하는 택스 리조트 등 세 가지로 나뉜다. 조세피난처는 세제상의 우대뿐 아니라 회사법 등의 규제가 적어 기업 경영상의 장애요인이 없고, 모든 금융거래의 익명성이 보장돼 탈세와 돈세탁용 자금 거래의 온상이 되고 있다. 대표적인 조세피난처는 바하마·버뮤다제도 등 카리브해 연안과 중남미에 집중되어 있다.

5

중년시대

_부동산

01 중형차를 산 사람과 땅을 산 사람의 엇갈린 운명
02 임대 패러다임이 바뀐다?
03 집값 올리고 내리는 부동산 정책
04 로또 아파트의 진실
05 수십 년째 우리 땅값만 안 올라요
06 재건축의 기다림

대한민국에서 태어난 이상 자유로울 수 없는 고민

대한민국 부자들의 99%는 부동산 부자라는 이야기가 있다. 그만큼 부동산 투자의 수익률은 다른 재테크에 비해 절대적이다. 부동산 시장은 그 자체만으로도 국내 경기를 좌지우지하기 때문에 다양한 정책과 규제가 제시되는 등 외부 환경의 영향을 많이 받아왔다. 그리고 여전히 외부의 영향을 많이 받고 있다. 단순히 집값 차원에서 접근할 것이 아니라 우리나라 경기를 저울질하는 '지표'로 부동산 시장을 바라볼 필요가 있다. 또 최근 재테크 패러다임이 변화하고 있는 가운데 부동산 시장의 미래는 어떻게 될 것인지 직접 그려보는 것은 어떨까.

중형차를 산 사람과
땅을 산 사람의 엇갈린 운명

- 개발 호재와 부동산 가격

애도 이제 많이 자랐으니, 새로운 집을 좀 알아봐야 할 것 같은데.

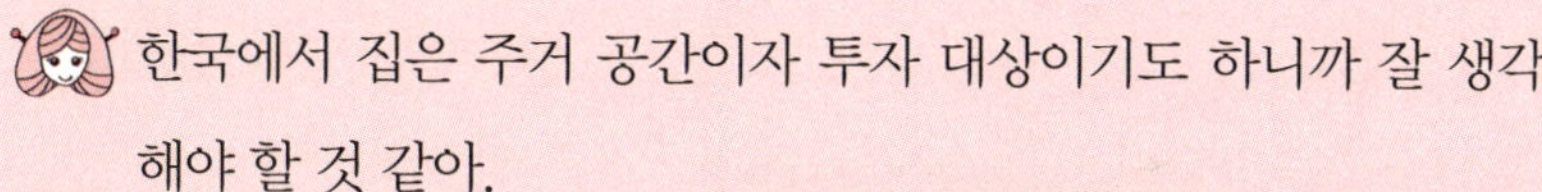
한국에서 집은 주거 공간이자 투자 대상이기도 하니까 잘 생각해야 할 것 같아.

부동산 투자 정보도 알아야 한다는 이야기군.

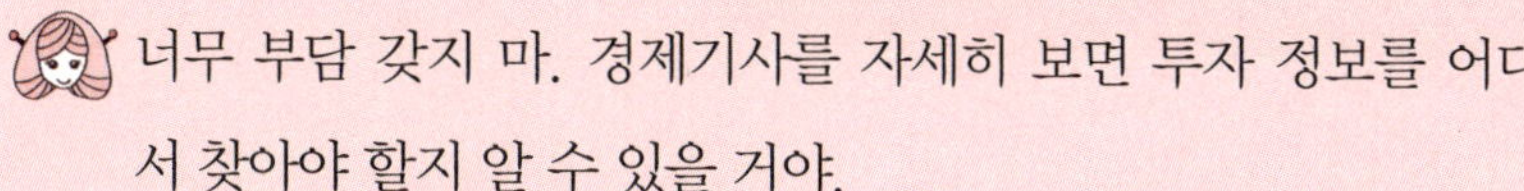
너무 부담 갖지 마. 경제기사를 자세히 보면 투자 정보를 어디서 찾아야 할지 알 수 있을 거야.

올해도 바캉스 시즌이 돌아왔다. 이왕 떠나는 여름휴가, 휴양지 곳곳에 숨어 있는 유망 부동산 상품을 돌아보며 '휴(休)테크'에 나서보는 것은 어떨까.

올 여름은 휴가길에 둘러볼 부동산 상품이 어느 때보다 많다. 우선 혁신도시 개발과 동계 올림픽 개최 등의 호재로 지방 부동산 시장이 활기를 띠면서 기회 요인이 많은 것으로 분석되고 있다. 아울러 주 5일제 정착과 함께 레저형 수익형 부동산이 틈새 상품으로 부각되고 있다. 레저형 수익형 부동산은 비수기에는 휴양·레저용 주택으로 사용하다가 성수기에 임대를 놓아 수익을 내는 상품이다.

A씨는 1000만 원의 돈으로 2000년 초반 당진 지역 한보철강 공장(현 현대제철 당진공장) 일대의 부지를 매입했다. 한보철강의 사업이 기울고 제철소가 거의 문을 닫기 일보 직전의 상태였기 때문에 부동산 값은 좀처럼 오르지 않았다.

같은 시기 B씨는 1000만 원의 돈으로 중형차를 샀다. 당장에는 중형차를 모는 B씨가 훨씬 활기차 보였다. 그로부터 수년 뒤 그 둘의 운명은 완전히 달라졌다.

현대제철이 한보철강 당진제철소를 인수하면서 그 주변의 땅 값은 급속히 오르기 시작했다. 1000만 원을 투자했던 A씨는 몇 년 새 수십억의 자산을 가진 땅 부자가 되었다. 반면 중형차를 샀던 B씨는 중고차의 주인일 뿐이었다.

실제 현대제철이 입성한 당진의 변화는 놀라울 만하다. 2004년 현대제철이 한보철강(현 현대제철 당진공장)을 인수하고 2006년 일관제철소 건설에 들어간 이후 당진 지역의 경제발전을 보면 부동산 개발이 지역경제에 미치는 영향을 극명하게 알 수 있다.

2004년 11만8000명에 불과했던 당진군의 인구수는 2011년 12월말 기준 15만219명이 되어 2012년 1월 1일부로 당진시로 승격되었다. 117년 만에 군에서 시로 탈바꿈한 것이다. 2004년 59개에 불과했던 기업체 유치수도 2005년 107개를 시작으로 2006년 106개 업체가 들어왔다. 2007년에는 예년보다 3배에 가까운 270개를 유치했고, 2008년에 160개, 2009년에 194개의 기업이 들어왔다.

전국에서 가장 활기차게 변화하고 있는 곳이 당진이라 해도 과언이 아니다. 지방 곳곳에서 아파트 미분양이 나도 당진만큼은 미분양사태를 비껴가고 있다는 것이 이 지역 사람들의 이야기다. 이처럼 부동산 투자는 가장 유망한 재테크로 꼽혔다. 개발 호재가 있다면 다른 금융상품이 따라갈 수 없을 만큼 수익률이 높기 때문이다. 이 때문에 경제기사의 부동산 부문에서는 개발 호재에 대한 기사가 많이 다뤄진다. 2011년 상반기 평창 올림픽 유치도 대표적인 부동산 개발 호재를 다룬 기사다.

평택 지역의 부동산 개발 이야기도 재미나다. 아산 출신의 한 평범한 40대 직장인은 명절만 되면 고향에 조용히 다녀온다. 부모님과 마을 어른들을 보고 오기가 죄송스럽기 때문이다. 이 직장인의 부모는 일찌감치 집을 팔아 자식의 학비를 댔다. 서울에 있는 4년제 대학을 나온 그는 평범한 직장인으로 살아갔다. 땅도, 집도 없는 부모를 시골에 둔 채 말이다. 그러나 아산 지역이 개발되면서 논을 팔지 않은 사람들에겐 그야말로 대박이 찾아왔다. 땅 값이 수십 배에서 수백 배 가까이 오르며 외제차를 타고 다니는 부자들로 변모한 것이다.

실제 경제기사에서 다룬 부동산 개발 호재들은 무수히 많다. 과거 강남이 개발되던 시기에서부터, 고속도로 건설, 잠실에 최고층 빌딩이 들어서게 된 일, 4대강 지역 개발 등이 모두 부동산 개발 호재와 연결돼 있다. 지하철역 준공도 대표적인 부동산 개발 호재다.

그러나 요즘은 이러한 개발 호재를 노린 기획부동산을 조심할 필요가 있다. 기획부동산이란 개발 호재가 있는 지역의 토지를 싸게 사들인 뒤, 인허가를 통해 땅을 분할·가공해 되파는 업체다. 이때 수 배에서 수십 배 웃돈을 붙인다.

2009년 7월 경춘고속도로, 2010년 12월 경춘선 복선전철 개통에 이어 2011년 평창 동계올림픽 유치로 최근 전국 각지의 기획부동산들이 강원도로 몰려들었다. 이들은 외지인을 데리고 '투자 투어'를 다녀가기도 했다. 부동산이 지역 발전과 더불어 개발되는 것이 아니라 시장 과열로 끝나는 것을 조심할 필요가 있다.

필수경제용어

● **웃돈**

본래의 가격에 덧붙여서 주는 돈이란 뜻으로 부동산에서 쓰이면 주로 개발지역에 프리미엄 가격이 붙는다는 뜻으로 사용된다. 부동산 개발 지역에 대한 관심이 증가하여 개발업자를 중심으로 비정상적인 웃돈(프리미엄)이 붙게 된다.

임대 패러다임이 바뀐다?

– 전세 vs 월세 임대 추이

아이 학교 가까운 곳으로 우리도 이사 가야 하는 것 아닌가?

그러면 지금 살고 있는 집은 월세를 주고 가야겠네.

월세로 누가 들어오려고 할까?

저금리 때문에 전세보다는 월세가 많아지는 추세라 우리도 월세로 들어가야 할지도 모른다고.

최근 전세금을 월세로 돌리는 반전세가 유행하고 있다. 하지만 전세금을 월세로 전환할 때 적용되는 월세전환율이 딱히 정해지지 않아 월세 규모가 지역마다 천차만별이다.

부동산114에 따르면 서울시 아파트 임대차시장에서 적용되고 있는 평균 월세전환율은 7.58%다. 중구의 월세전환율이 8.23%로 가장 높았고 송파구 8.22%, 서대문구 8.16%, 은평구 8.07%, 동작구 7.07% 등 구별로 월세전환율이 제각각이다. 전세금 규모에 따라 반전세에 적용되는 월세적용률도 상이한 것으로 나타났다.

우리나라는 1970~1980년대 빠른 경제성장을 이루면서 전세 제도가 굳건히 자리를 잡아왔다. 전세금을 받아 은행에 넣어두면 안정적인 이자 수익을 올릴 수 있었기 때문이다. 또 집을 살 때 전세를 안고 사면 대출 부담을 덜 수 있고 집값이 오를 때 큰 투자 수익을 낼 수 있다는 장점이 있었다.

하지만 최근 들어 주택 임대차 패러다임이 달라지기 시작했다. 경제의 저성장 추세가 계속됨에 따라 부동산 시장이 침체되고, 저금리 기조가 이어지면서 전세가 점점 사라지고 있다. 집주인, 즉 임차인 입장에선 전세금을 은행에 맡겨봐야 이자 수입이 적고, 주식 같은 금융투자 상품에 투자하기에는 위험 부담이 커서 고민이 점점 커지고 있는 것이다. 또 집값도 크게 오르지 않아 더욱 부담이다.

이에 따라 최근 주택시장은 자금이 오랫동안 묶이는 전세보다 매달 수십만 원에서 많게는 수백만 원까지 현금을 받을 수 있는 월세 시장이 뜨고 있다. 경제기사를 잘 보면 이러한 부동산 주택임대 시장의 패러다임 변화를 감지할 수 있다.

2011년 상반기 월세에 거주하는 일반가구가 340만 가구를 돌파해, 전세(376만) 가구에 육박하게 됐다. 여기에 사글세와 최근 들어 확산되고 있는 반전세를 합치면 전세를 추월했다는 게 중론이다. 월세와 전세의 역전 현상이 일어나고 있는 것이다.

반전세란 상당한 금액의 보증금을 일부 내고 나머지 비용을 매달 임대료로 내는 개념이다. 주로 전셋값 상승분을 월세로 돌리는 경우를 말한다. 부동산시장의 침체와 저금리 상황이 지속되면서 집주인들의 월세 선호현상이 뚜렷해졌다. 하지만 당장 월세로 계약하는 것을 부담스러워하는 가정들이 많이 있기 때문에 반전세로 전환하는 사례가 점점 늘고 있다.

집주인들도 전세금을 받아 다른 데 투자하는 것보다 월세로 돌려 임대수입을 얻는 게 더 유리해졌다. 서울 송파구 지역의 한 공인중개사는 "2~3년 전만 해도 전세가 80% 이상이었지만 요즘은 10채 중 5~6채가 월세"라고 말한다.

전세에서 월세로 주택 임대 패러다임이 바뀌게 된 데는 턱없이 오른 전세금에도 원인이 있다. 갑자기 오른 전세금을 감당할 수 없어 세입자들이 먼저 월세를 찾아 나서고 있는 것이다.

실제 전세대란이 있던 2011년 3월 목동아파트에 사는 직장인 B씨는 집주인이 계약기간이 돌아오자 8000만 원을 올려달라고 하는 바람에 대출을 받게 됐다.

1990년대 말까지 부동산 시장의 공식은 '전세가 뛰면 집값도 따라 뛴다'는 것이었다. 1997년 외환위기 이후 경기가 회복되면서 전셋값이 먼저 오르자 곧바로 매매 값이 뒤따랐다. 오른 전세금에 조금만 보태 아예 집을 사자는 사람이 많았기 때문이다. 외환위기로 주택 공급이 줄자 집값이 오를 것이란 기대도 작용했다. 이후에도 전셋값과 매매 값은 서로 밀고 당기며 같이 움직였다. 특히 집값 상승기엔 이런 추세가 더 뚜렷했다.

하지만 지금은 다르다. 수도권 전셋값이 본격적으로 오르기 시작한 2009년 3월 이후 지난달 말까지 전셋값은 24.7% 상승했다. 반면 집값 상승률은 0%로 제자리걸음이다. 앞으로 점점 월세로 이동할 수밖에 없는 이유다.

서울시정개발연구원은 2010년 42.8%였던 월세비율이 2020년이면 63.3%로 급등할 것으로 내다봤다.

필수경제용어

● 월세전환율

월세이율로도 불리며 전세금에서 보증금을 뺀 나머지 금액을 월세로 바꿀 때 적용하는 이자율이다. 전세금 2억 원까지 아파트를 보증금 1억 원과 월 100만 원에 임대했다면 월세전환율은 1%〔(100만원 ÷ (2억원 − 1억원))〕다.

집값 올리고 내리는 부동산 정책

– 부동산 시장과 금융규제

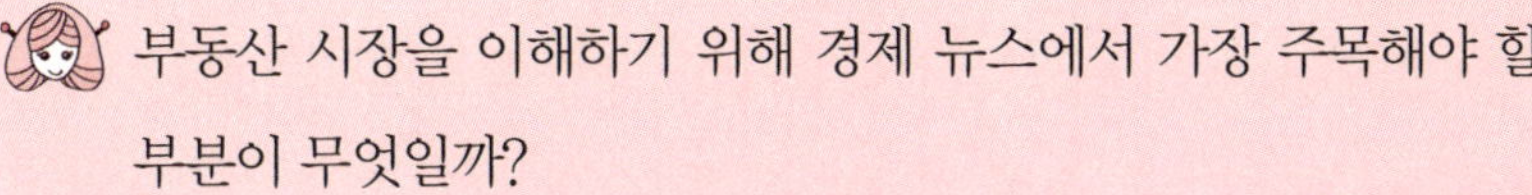

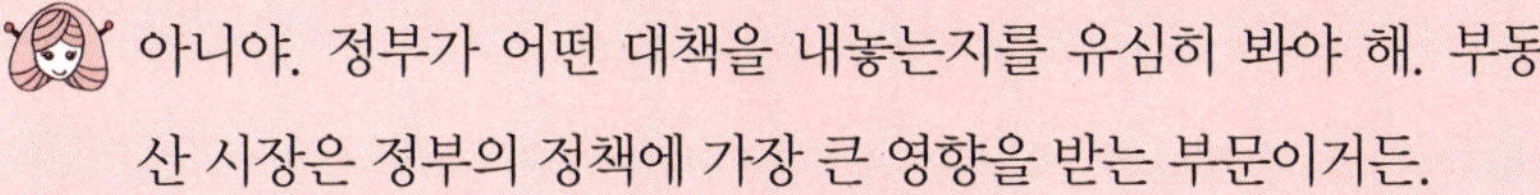

9월부터 주택 담보대출을 받을 때 적용되는 총부채상환비율(DTI) 규제에서 장래 예상소득과 순자산도 소득으로 인정된다. 40세 미만의 무주택 근로자들이 만기 10년 이상의 비거치식 주택담보대출을 받게 될 때 향후 10년간의 연평균 예상소득을 추산해 소득으로 인정하게 된다. 대출시점의 소득만을 적용하던 지금의 기준에서 크게 완화된 것이다.

또한 고액자산가의 주택구입을 늘리기 위해 보유중인 순자산도 소득으로 대체 인정된다. 부채를 제외한 대출자 본인과 배우자 소유의 자산만 인정되며 금융사가 일정 조건하에 자산을 포함한 DTI 적용 소득 규모를 판단하게 된다. 현재 소득이 적은 젊은 층과 은퇴한 고액자산가들의 주택구입을 촉진시켜 부동산경기에 활력을 불어넣는다는 게 정부의 계산이다.

부동산 가격이 안정돼야 경제가 제대로 돌아간다. 비단 우리나라뿐만 아니라, 미국과 일본 등 선진국도 부동산 투기열풍에 휩싸인 적이 있다. 부동산의 경우 투기로 돈을 벌 수 있다는 유혹이 강하기 때문에 투기를 잠재우기란 쉬운 일이 아니다.

부동산 가격 안정을 위해 필요한 것이 바로 경제정책이다. 경제정책에도 많은 방법이 있지만 금융규제가 가장 효과적으로 꼽힌다. 그 중에서도 가장 효과적인 힘을 발휘하고 있는 것이 DTI다.

DTI(총부채상환비율, debt to income ratio)란 빚을 갚을 수 있는 능력을 소득으로 따져서 대출한도를 정하는 계산비율을 가리킨다. '소득 대 채무 비율'이라고 표현하기도 한다. 한 개인의 대출금액이 소득의 일정 비율을 넘지 않도록 제한하기 위해 마련된 제도다.

예를 들면 연간 소득이 5000만 원이라면 DTI를 40%로 설정할 경우 총부채의 연간 원리금 상환액이 2000만 원을 초과하지 않도록 조정하는 것이다. 대체로 DTI는 33~36%를 적절한 비율이라고 본다. 현재 서울 강남 3구(강남, 서초, 잠실)의 DTI는 40%, 나머지 서울 지역은 50%, 인천·경기 지역은 60%로 한도가 정해져 있고, 지방에는 적용되지 않는다.

DTI의 적용은 어떻게 확대돼 왔을까. 국내에서는 부동산 투기가 과열되고 있다는 조짐이 감지되면서 지난 2007년 은행권에서 투기지역과 투기과열지구에 대해 주택 담보대출에 DTI 규제를 확대했다.

그리고 2009년 강남 3구뿐만 아니라 서울, 경기 지역을 대상으로 DTI 규제가 본격 실시됐다. 수도권 일대에서 불고 있는 집값 오름세와 주택 담보대출 급증세를 잡기 위해 내놓은 고강도 부동산 규제 대책이었다.

그러나 다시 2010년 경기 침체가 계속되고 부동산 가격 역시 떨어지면서 DTI 규제 완화 카드가 제시됐다. 금융당국에서는 가계부채 증가를 우려해 DTI 규제 완화에 대한 반대 입장을 명확히 했으나, 부동산 관련 부처인 국토해양부는 부동산 거래 침체가 심각한 수준에 이르렀다며 찬성에 표를 던졌다.

결국 정부는 작년 8월 29일 '8·29 부동산대책'을 발표하며 DTI 규제 완화를 포함했다. 2011년 3월까지 강남 3구를 제외한 모든 지역에서 DTI 규제를 한시적으로 완화하기로 한 것이다. 이렇게 8·29 대책은 시행됐지만 부동산 시장은 여전히 침체기를 이어갔고, 전셋값만 오르게 했다는 비판을 받았다.

그렇게 시간이 흘러 일부에서는 DTI 규제완화 연장을 기대했으나 눈덩이처럼 불어난 가계부채의 심각성에 대한 문제가 제기되며 정부는 2011년 3월 DTI 규제를 부활키로 했다. 김석동 당시 금융위원장은 2011년 상반기 DTI 규제의 부활과 관련해 "부동산 시장 활성화도 중요하지만 더 이상 가계부채가 늘어서는 안 된다는 판단이 앞섰다"라고 설명했다.

이 같은 금융당국의 의지에도 정부는 2012년 또다시 DTI 완화 카드를 제시하게 된다. 부동산 시장이 얼어붙었다는 판단 때문이다. 위 기사에서처럼 젊은층과 소득은 적지만 자산이 많은 은퇴자들에 대해 DTI 규제 적용을 완화하기로 결정했다. 6억 이상 주택구입용 대출의 DTI 한도는 서울의 경우 기존 50%에서 65%로, 경기와 인천은 60%에서 75%로 확대됐다.

이처럼 정부 정책은 부동산 시장을 웃게도, 울리기도 한다. 부동산은 그 어느 자산보다 정부 정책에 대해 민감한 영향을 받는다. 정부의 규제가 어떻게 적용되느냐에 따라 부동산 가격이 크게 오르기도 하고, 내리기도 한다.

위에서 설명한 DTI 규제가 대표적인 사례다. DTI 규제를 완화해 가계 대출 비중을 늘려 일시적으로 부동산 시장 활성화를 시도하는가 하면 DTI 규제를 강화해 가계 대출을 어렵게 함으로써 부동산 시장에 악재를 주기도 한다.

LTV, 즉 담보가치(주택담보) 대비 대출비율도 주요한 금융규제로 꼽힌다. LTV(loan to value)란 은행들이 주택을 담보로 대출을 해줄 때 적용하는 담보가치 대비 최대 대출가능 한도를 가리킨다. 집을 담보로 은행에서 돈을 빌릴 때 집의 자산 가치를 얼마로 보는가의 비율을 말하며, 보통 시가의 일정 비율로 정한다.

예를 들어 주택 담보대출 비율이 60%라면 시가 1억 원짜리 아파트의 경우 최대 6000만 원까지만 대출해주는 식이다. 하지만 실제로 대출받을 수 있는 돈은 이보다 더 적은 것이 보통이다. 돈을 갚지 않아 담보로 잡은 주택을 경매 처분하는 경우에 대비해, 방 1개당 소액임차보증금을 빼고 대출해준다. 주택임대차보호법에 따라 세입자에게 우선권이 주어지기 때문이다.

은행이 대출을 해줄 때 소득과 담보를 평가하는 것은 기본적인 절차다. 이러한 절차에 대한 기준을 정부가 일률적으로 정하는 것은 그 의미하는 바가 크다.

미국과 일본 등에 부동산 투기 바람이 불어, 부동산 시장이 무너진 사례를 보면 대부분 금융기관의 무분별한 대출이 가장 큰 문제가 됐다. 우리나라는 선진국에서 벌어진 이러한 폐해를 피하기 위해 2006년부터 DTI, LTV 규제를 도입했다. 이 제도의 도입으로 부동산 버블이 상당 부분 해소됐고, 금융기관들도 건전성을 지킬 수 있었다.

이렇게 정부는 부동산 침체가 계속될 땐 규제 완화를 선택하고, 부동산에 너무 거품이 많이 끼는 것으로 판단될 땐 규제 강화를 선택한다. 때문에 정부 규제를 주시하면서 부동산 흐름을 파악하는 것이 가장 중요하다.

금융규제 외에도 부동산시장에 직접적인 영향을 미치는 정책들이 있다. 참여정부 시절인 2007년 9월 도입된 분양가 상한제가 대표적이다. 분양가 상한제란 최고가격제라는 개념으로 설명될 수 있다. 공공택지 내 아파트, 재개발, 재건축, 주상복합 등 공동주택의 분양가를 산정할 때 일정한 건축비에 택지비(감정가)를 더해 분양가를 산정해서, 그 가격 이하로 분양하게 하는 것이다. 이로써 분양가격을 안정시키는 기능을 한다.

아파트 분양가는 대부분 원가에 비해 폭리가 취해진다. 그것을 알면서도 수요가 있기 때문에 시장에서는 거품이 많이 낀 가격임에도 거래가 이뤄졌다. 분양가 상한제란 이렇게 높은 부동산 가격이 유지될 경우 국가 경제에 무리가 올 수 있기 때문에 정부가 나서서 더 낮은 가격을 먼저 정하는 것이다.

참여정부 시절 도입된 분양가 상한제는 급등하는 집값을 잡는 소임은 다했지만, 부작용이 컸다는 비판이 제기됐다. 일각에서는 가격통제가 인위적으로 이뤄지면서 불과 3년 새 주택공급이 60%가 줄어드는 사태를 초래했다는 평가를 내렸다.

정부와 건설업계에서는 부동산시장이 안정됐다는 이유로 기회가 있을 때마다 분양가 상한제 폐지를 들고 나오고 있다. 민간주택 공급을 늘리려면 분양가 상한제가 폐지돼야 한다는 논리를 펴고 있다. 분양가 상한제 탓에 주택 공급이 부족해 전세난을 가중시키고 결과적으로 아파트 가격 상승을 야기할 수 있다는 주장도 하고 있다. 분양가 상한제 폐지를 찬성하는 쪽은 폐지하더라도 아파트 가격이 안정세를 보이기 때문에 분양가가 크게 오르지 않을 것이라고 주장한다. 하지만 분양가 상한제 폐지를 반대하는 쪽에서는 집값 상승과 투기 재연을 여전히 우려하고 있다.

이처럼 부동산시장에는 다양한 부동산 규제가 존재하고 있고, 관련 법규가 100개가 넘는다. 그중에서도 DTI 규제, LTV 규제 등 금융규제와 분양가 상한제, 부동산시장 정책 규제 등 경제기사에 많이 다뤄지는 주요한 부동산 규제들을 잘 따라가다 보면 부동산시장에 대해 보다 쉽게 전망할 수 있다.

● **버블세븐**(bubble seven)

강남, 서초, 송파, 목동, 분당, 용인, 평촌 등 부동산 가격이 급등한 7개 지역을 지칭하는 말. 집값 상승폭이 높아 거품이 끼어 있다는 뜻에서 버블(bubble, 거품)이라는 이름이 붙었다. 하지만 글로벌 금융위기에 따른 전반적인 경기 침체와 정부의 대출 규제가 이어지면서 최근에는 집값이 가장 많이 떨어지는 지역이 되었다. 이에 따라 2000년대 후반 이후부터 정부가 부동산 활성화 대책에 초점을 맞추는 지역이 되기도 하였다.

로또 아파트의 진실

– 반값아파트와 보금자리 주택

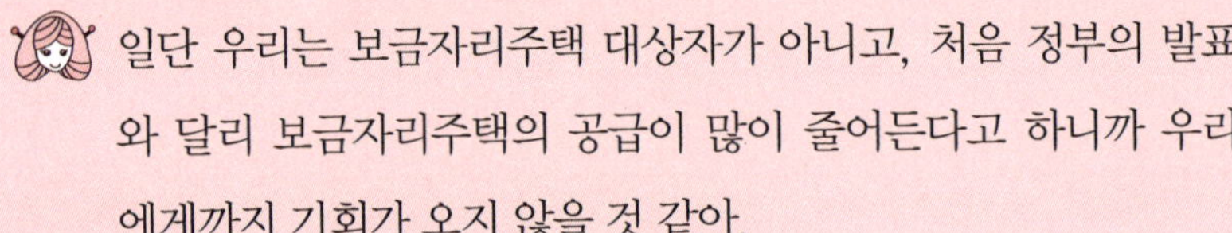

우리 보금자리주택으로 들어가는 건 어때? 아이가 결혼하고 나면 큰 집에 살 필요도 없는데 말이야.

일단 우리는 보금자리주택 대상자가 아니고, 처음 정부의 발표와 달리 보금자리주택의 공급이 많이 줄어든다고 하니까 우리에게까지 기회가 오지 않을 것 같아.

정부 정책의 변화를 잘 읽어야 한다는 소리군.

서민 주택 정책은 그동안 다양하게 제시돼 왔다. 너무 비싼 우리나라의 집값을 감당할 수 없는 서민들에게 저렴한 가격의 주택을 공급하는 것이 주요 내용이다. 그중에서도 반값아파트 정책은 정치권에서도 뜨거운 이슈가 될 정도로 주목을 받았다.

2006~2007년 한나라당은 대지임대부 분양을 통해, 열린우리당은 환매조건부 분양을 통해 반값아파트를 이루겠다고 했다.

대지임대부 분양제란 토지에 대한 소유권은 국가가 가지면서 아파트만 일반 소비자에 분양하는 방식이다. 분양받은 사람은 건물 가격만 먼저 지불하고 토지사용료는 장기간에 나눠 국가에 납부한다.

환매조건부 분양제란 토지와 건물 모두를 일단 소비자에게 팔되, 20년 후에는 국가에 되팔아야 한다는 조건(환매)이 붙는 분양 방식이다.

보금자리주택 임대전환 공급안이 다시 수면 위로 올라왔다. 새누리당의 대선 공약 개발기구인 '5000만 행복본부'는 16일 국회에서 '하우스푸어' 대책과 관련해 시민과 부동산 전문가들의 의견을 듣는 자리를 진행했다. 이날 논의에서 건설업계가 관심을 보인 부분은 보금자리주택의 임대전환 확대 방안이다. 하지만 건설업계와 정치권의 보금자리 임대전환 또는 축소 요구에 대해 국토해양부는 반대 입장을 확실히 하고 있다. 국토부 공공주택건설추진단은 보금자리주택단지의 임대 비중을 높이면 슬럼화가 될 우려가 있다며 반대했다.

아파트 가격 상승에 따른 시세차익을 국가가 갖는다는 조건으로 분양을 진행해 아파트 가격을 낮출 수 있도록 한 것이다.

결론적으로는 두 제도 모두 제대로 실현되지 못했다. 이유는 두 제도 모두 기본적으로 국·공유지를 개발해야 한다는 전제 조건이 있었는데, 우리나라는 국·공유지가 그리 많지 않은 상태이기 때문이다. 특히 도심 근교의 주택부지에서 국·공유지를 찾아보기는 더욱 어렵다.

대지임대부 분양의 경우에는 토지임대료를 계속 지불해야 하기 때문에 기존의 임대아파트와 크게 다르지 않다는 비판이 일었고, 환매조건부 분양은 주택가격이 하락할 경우 그 부담을 고스란히 국가가 떠안아야 한다는 부담이 문제로 작용했다. 그럼에도 반값아파트는 2007년 10월 경기도 군포에서 처음 실행됐고, 미분양사태를 겪으면서 실패로 돌아갔다.

이명박 정부에 들어와 반값아파트 정책은 보금자리 주택으로 대체됐다. 보금자리 주택이란 국가가 집이 없는 서민들을 위해 공공부문을 활용해 직접 공급하는 주택이다. 공공이 재정 또는 기금의 지원을 받아 직접 건설과 매입을 진행하는 형태로, 중소형 분양 주택과 임대주택을 포괄하는 새로운 개념의 주택이다.

정부는 2018년까지 총 150만 가구를 보급하기로 했으며 이중 분양 방식으로 70만 채, 임대 방식으로 80만 채를 공급키로 했다. 지역별로는 수도권에 100만 호, 지방에 50만 호 공급된다. 임대주택은 10년간 임대한 뒤

분양으로 전환하는 공공임대 가구가 20만, 장기전세와 장기임대 가구가 각각 10만, 50만 호이다. 공공개발로 주택 가격을 낮춘다는 장점이 있지만 그린벨트를 개발해 주택을 짓는 방식에 대해 논란이 제기됐다. 그린벨트 지역은 땅값이 도심에 비해 싸기 때문에 아파트 가격도 낮아질 수 있다. 그러나 수십 년간 개발을 제한해 온 그린벨트를 개발해 150만 가구에만 혜택을 주는 것이 바람직하느냐는 부분이 문

제로 제기됐다.

특히 우리나라와 같이 공공분양 비율이 다른 나라보다 낮은 상황에서 소수의 사람들에게 저렴한 가격으로 분양 혜택을 주는 것은 로또의 행운을 주는 것과도 같다는 지적이다. 또 강남 일부 지역에 지어지는 보금자리주택의 경우 주변 시세보다는 저렴하지만 절대가격 자체가 비싼 것들이 대부분이다. 따라서 이 돈을 지불할 수 있는 사람들에게만 행운이 돌아간다는 우려도 나왔다. 때문에 보금자리 주택 전체를 임대 방식으로 전환하는 것이 맞다는 의견이 지속적으로 제기되고 있다. 최근 들어 치솟고 있는 전월세 가격 때문에 주택대란을 겪고 있는 서민들을 위해 보금자리 주택의 임대 비중을 늘려야 한다는 의견이 제시되고 있는 것이다.

임대와 분양에 대한 논란 외에도 보금자리 주택 개발 자체에 대한 논란은 계속되고 있다. 그동안 지켜온 땅의 가치에 비해 보금자리 주택은 저렴한 가격으로 공급되기 때문에 지역 주민들의 반발을 사고 있다. 또 주변 집값을 떨어뜨린다는 주장도 제기되고 있다. 이에 대한 이야기는 다음 글에서 보다 자세히 알아보자.

필수경제용어

● **임대주택**

국가, 공공기관이나 민간 건설업체가 건축하여 무주택 주민에게 빌려주는 주택을 가리킨다. 1993년 임대주택법의 전면 개정 이후 임대주택 건설이 크게 확대되었다. 국토해양부 장관이 택지공급 계획을 수립하면 국가나 지방자치체, 대한주택공사, 토지개발공사 등이 토지를 개발해 공급한다.

수십 년째 우리 땅값만 안 올라요

– 그린벨트와 부동산 가격

신문을 보니 A지구에 새로운 아파트 단지가 들어선다는데?

그 지역은 그린벨트로 오랫동안 묶여 있던 지역이라 가능성이 있지.

도대체 그린벨트는 왜 필요한 거지?

도시의 무분별한 난개발을 막기 위해서 지정했던 것인데, 아무래도 지역 주민은 불만을 가질 수밖에 없는 것 같아.

그린벨트(greenbelt)라고 불리는 개발제한구역은 박정희 정권인 1971년에 전격 도입된 제도다. 이 구역 내에서는 건물을 새로 짓거나, 늘리거나 용도를 변경하는 등의 행위를 제한하고 있다. 게다가 1972년에는 수도권 개발제한구역이 2배로 확대됐다. 1971년부터 1977년까지 지정된 그린벨트는 5397.11㎢로 전체 국토의 5.4%에 이른다.

정부는 과거에 그린벨트 지정을 통해 도시의 무분별한 확장을 막고 난개발을 방지해 왔다. 조선시대에도 이와 비슷한 제도가 있었다. 조선시대 수도 한양에는 '금산(禁山)' 제도라는 것이 있었다. 14세기 말부터 시행된 금산제도는 백성들이 금산으로 지정된 도성 안팎 일정한 구역 안에서는 농사, 나무하기, 돌 캐기, 집짓기 등을 할 수 없도록 제한한 것이다. 산림을 보호하기 위해 실행된 이 제도 덕분에 조선왕조 시기 한양의 녹지는 비교적 잘 보존됐다.

이렇듯 그린벨트에는 긍정적인 면도 많지만 막상 그린벨트에 거주하는 주민들의 불만은 커져갔다. 개발이 제한돼 부동산 가격이 묶임으로써 재산권 행사에 제약을 받을 수밖에 없기 때문이다. 주민들은 지나친 재산권 행사 제한과 생활 불편을 이유로 줄기차게 그린벨트 해제 또는 완화를 주장해 왔다.

그린벨트 지역의 주민들은 농사 외에는 마땅히 할 것이 없는 상황에서 생계를 위해 각종 불법행위도 마다하지 않았다. 하남시의 창고사업이 대표적인 경우다.

하남시는 한때 총면적의 97.2%가 그린벨트로 묶여 있던 대표적인 개발제한 지역이었다. 보금자리주택지구, 집단취락 우선해제지역, 지방자치단체 중점 사업지역 등을 중심으로 그린벨트가 일부 해제되기도 했지만 여전히 총면적의 85% 이상이 그린벨트로 묶여 있다. 사실상 농사 외에는 합법적으로 할 수 있는 것이 거의 없어 주민들의 불만이 이만저만이 아니다. 때문에 주민들은 그린벨트 대부분에 창고를 지어 '임대업'을 하고 있다. 이로 인해 '창고 벨트'라는 별칭을 얻기도 했다.

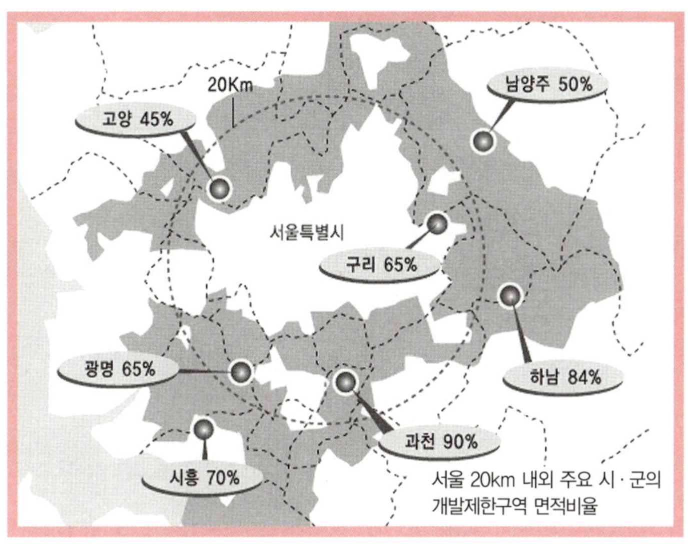

경기도 수원시의 주산인 광교산 자락의 음식점 점포도 그린벨트로 인한 '부작용'으로 꼽힌다. 광교산에 들어서는 길 양옆에는 유독 농원이 많다. 밖에서 보면 그럴싸하게 농원이라고 붙여놨지만 이들 대부분은 사실상 음식점으로 운영되고 있다. 광교산 자락 일대가 그린벨트 지역인데다 상수도 보호구역이어서 현재로선 용도 변경이 사실상 불가능한 상태다. 이런 연유로 광교산 일대에 무허가 음식점이 수두룩하게 배치된 것이다.

이렇듯 그린벨트 지역에서는 부동산개발이 묶이며 웃지 못할 일들이 많이 벌어졌다. 그러나 2000년부터 상황이 달라지기 시작했다. '친환경개발'이라는 기치가 힘을 얻으며 보전 가치가 낮은 환경평가 4, 5등급 지역을 중심으로 그린벨트가 해제되기 시작했다. 그 결과 2000년에서 2009년 말까지 약 10여 년간 전체 그린벨트의 27%(1471.86㎢) 이상이 해제되기에 이른다. 특히 홍천, 북제주, 청주, 여수, 전주, 김제, 통영 등 중소도시 주변 그린벨트는 2001년부터 2003년 사이 전면 해제됐다. 서울과 부산 등 대도시권에서도 신도시 개발과 산업용지 공급을 위해 4294.02㎢ 중 368.77㎢가 풀렸다. 현재 남아 있는 대도시권의 그린벨트도 2020년까지 해제될 것으로 보인다.

그린벨트 지역은 '분쟁 지역'이라고 불릴 정도로 소송이 많이 제기되었다. 부동산 개발과 관련해 이권 다툼이 많을 수밖에 없기 때문이다. 최근에는 보금자리 주택 용지로 그린벨트가 선정돼 많은 논란을 낳기도 했다.

필수경제용어

● 난개발

수도권 지역에서 1990년대에 주거환경이 마련되지 않은 준농림지를 도시계획도 하지 않고 준도시 지역으로 용도를 전환해 주택단지만 양산함으로써 기형적인 도시가 탄생해 이것을 비판하는 말로 등장했다. 지금은 아무런 기반시설이 갖춰지지 않은 곳에 주변 경관과 전혀 어울리지 않는 건축시설이 들어서는 것을 가리켜 난개발이라 하고 있다.

재건축의 기다림

− 재개발 · 재건축 아파트

지난번에 우리가 사려고 했던 OO 아파트 재건축이 시작되었다는데?

결국엔 시작되었네. 요즘은 부동산 시장이 위축되어서 재건축을 해도 수익이 날지 확실하지 않은 상황이야.

역시 우리는 우리가 필요한 집을 사야겠지? 재건축에 흔들리지 말고.

그게 정답이지.

서울시내 재개발, 재건축 사업장에서 중소형 비율을 높이려는 시도가 늘고 있다.

서울시 등에 따르면 성북구 동선2 주택재개발구역은 당초 전체 286가구 가운데 35가구(12%)를 전부 중소형으로 전환했다. 당초 이 가구는 전용면적 85㎡ 초과로 짓기로 했었다. 중랑구 면목5 주택재건축구역도 대형 비율을 절반 이상 축소하고 중소형의 비율을 대폭 늘렸다. 서대문구 홍은동 홍은14 주택재개발구역도 중소형을 늘려 사업시행인가를 다시 받았다. 전문가들은 대형을 줄이고 중소형을 확대할 경우 전체 가구 수가 늘어나는 동시에 '중소형 선호'라는 주택시장 흐름과도 부합해 사업성이 더 좋아지기 때문에 중소형 전환율이 늘고 있다고 분석했다.

부동산 경제기사에서 많이 다뤄지는 것 중에 하나가 바로 재개발·재건축 아파트의 소식이다. 특히 주민과 개발업자 간 이권 다툼에 대한 이야기가 많다.

재건축이란 기존의 낡은 아파트나 연립주택지구를 허물어 다시 짓는 것을 말한다. 오래되고 상태가 안 좋은 주택들을 새롭게 다시 짓는 것이 목적으로, 기존 주택의 소유자들이 재건축 조합을 설립해 자율적으로 주택을 건설한다.

정부는 1988년 6월, 주택건설촉진법시행령을 고쳐 구체적으로 재건축을 진행할 수 있는 공동주택 판단기준과 조합설립절차 규정을 만들었다. 이후부터 본격적인 재건축 시장이 형성되었다. 그 후 재건축 사업은 부동산 투기 요인이 된다는 비판이 일면서 사회문제로 대두되기도 했다.

또한 초기에는 단순 주택개량사업과 주택의 공급확대를 위해 재개발과 재건축을 시작했던 것이 주택의 절대부족시대를 탈피한 2000년대 들어서면서부터 삶의 질 향상이란 차원으로 그 목적이 바뀌었다.

즉 주택물량 확대보다는 난개발로 인한 교통·환경문제, 기반시설 부족 문제, 주거환경의 약화 등 역기능을 보완하는 데 재건축·재개발의 초점이 맞춰진 것이다.

그렇다면 재건축은 어떻게 이뤄지는 것일까. 재건축을 위해서는 집주인들끼리 추진위원회를 구성하고 재건축 결의를 해야 한다. 이때 재건축 결의가 법적인 효력을 얻기 위해 전체 구분소유자(한 채의 건물을 구분하여 그 일부분을 소유한 자) 중 5분의 4 이상, 각 동별 3분의 2 이상이 동의해야 한다.

그런 한편, 시장이나 군수 등의 자치단체장은 재건축추진 아파트의 주민들이 안전진단을 신청하면 현지조사 등을 통해 건축물의 구조안전성 등을 심사한 뒤 안전진단 실시 여부를 결정하게 된다. 이때 예비안전진단이 전문기관에서 자치단체의 육안검사로 대체되고, 안전진단 실시 시점도 정비계획 후에서 정비계획 전으로 앞당겨진다.

재건축에 대한 뉴스에서 많이 볼 수 있는 단어가 용적률이다. 용적률이 높다는 말은 같은 땅에 더 넓은 아파트를 짓거나 더 많은 세대의 아파트를 지을 수 있다는 의미다. 땅을 소유한 사람 입장에서는 용적률이 높으면 높을수록 좋다.

그러나 지어진 아파트에 사는 주민들 입장에서는 용적률이 높은 것이 꼭 긍정적인 것만은 아니다. 기본적으로 같은 땅에 더 많은 건물 또는 시설물이 들어서는 것이기 때문에 삶의 질은 낮아질 수 있다. 특히 용적률이 확대돼 아파트 평수가 늘어나는 것이 아니라 세대수가 늘어나는 경우라면 나의 대지 지분이 줄어드는 것이기 때문에 부정적이라고 볼 수 있다.

그렇다 하더라도 용적률을 확대할 수 있다면 최대한 높게 잡아 재건축을 하는 것이 토지 등의 소유자에게는 절대적으로 유리하다.

이러한 용적률이 지역별로 차이가 나자 용적률 거래제 도입을 추진 중이다. 용적률 거래제란 서로 다른 지역의 용적률(건물 연면적 ÷ 대지 × 100%)을 사고팔 수 있도록 한 제도로, 국토연구원이 개발한 방법이다.

용적률 거래제가 도입되면 택지개발지구는 용적률을 사서 개발이익을 높일 수 있고, 문화재 보호구역이나 생태계, 습지 보존구역 등 각종 규제로 용적률을 제한받는 지역은 기준 용적률을 밑도는 차이만큼 개발사업지역에 팔 수 있어서 재산 피해를 막을 수 있다.

용적률이 낮았던 지역도 개발할 수 있어 건설업계도 활기를 보이겠지만 용적률 매입으로 개발단가가 높아지기 때문에 실제 용적률 거래량은 많지 않을 수도 있다.

해외의 사례를 보면 미국은 1970년대 문화재 보호를 위해 용적률 거래제를 도입해 습지, 생태계, 산지 등의 보호 용도로 확대해 왔고, 일본은 도쿄역사 주변 개발 때 용적률 이전제를 시행, 인근에 고층 건물을 지을 수 있도록 했다.

최근 관심이 높아지고 있는 아파트 재건축 사업방식에는 크게 도급제와 지분제의 두 가지가 있다.

도급제란 도급이라는 단어 뜻 그대로 시공사가 건축공사에 대해서만 책임지는 계약방식으로 건축물의 3.3㎡당 공사비를 정해 공사계약을 체결한다. 시공사는 단순히 시공만 맡기 때문에 건축공사의 진행속도가 빠르다. 또한 개발이익이 조합원에게 환원된다는 장점이 있다.

그러나 개발이익이 현실화되기 전까지는 여러 차례에 걸쳐 건축비를 지불해야 해 조합원들의 금전적인 부담이 커질 수 있다. 또한 사업이 진행되는 도중에 물가가 상승한다거나 설계를 변경하는 등 공사비 증가요인이 있을 경우 조합원의 추가부담이 필요하다.

반면 지분제란 시공사가 조합원에게 새로 신축될 아파트의 일정 면적을 무상으로 입주할 수 있도록 보장해 주고, 사업에서 발생하는 나머지 이익은 가져가는 방식이다. 예컨대 시공사가 조합에게 150%의 무상 지분율을 약속했다면 현재 대지 지분 66㎡(20평) 아파트에 살고 있는 조합원은 99㎡(30평)의 새 아파트를 무상으로 받을 수 있다. 여기에 공사 과정에서 발생하는 위험도 시공사가 모두 책임진다. 물론 상가나 편의시설 등 개발 이익은 시공사가 전부 가져간다.

도급제와 지분제는 일방적으로 어느 쪽이 더 낫다고 할 수는 없다. 조합원이 재건축 사업에 들어간 이후 경기가 좋을 것 같다고 판단하면 도급제 방식으로, 그렇지 않다면 지분제 방식으로 시공사와 계약을 맺는 게 일반적이다.

재개발·재건축 시장은 정책 변화에 민감한 영향을 받는다. 특히 2007년 이후 재개발은 뜨고 재건축이 지는, 예컨대 '재건축 약세 재개발 강세' 현상이 시장의 대세를 이뤘다. 이는 재건축 규제와 재개발 지원이라는 정부의 이분법적인 정책의 결과물이라고 볼 수 있다.

재건축의 전매 제한 조치도 큰 악재로 작용했다. 재건축이나 재개발의 경우는 장기간 목돈을 투자해야 하는 사업이다. 통계를 보더라도 보통 구역지정일에서 사업준공일까지 총 소요기간은 평균 12년 10개월이 걸린다.

이 과정에서 재개발은 준공 시까지 조합원의 지위양도가 가능하다. 하지만 투기과열지구 내의 재건축에서는 조합설립 이후에 양도가 불가능하다. 조합설립 이후 매입한 조합원 지위의 양도, 조합원 분양권 전매가 금지됐기 때문이다.

이렇듯 재건축 재개발 시장은 다양한 이해관계가 존재하고 다양한 정책들이 적용되고 있다. 개발이 활성화되면서 이제 상당 부분 오래된 건물들이 새로운 모습으로 재탄생했지만 어쨌든 건물의 노화는 계속되는 만큼 재개발·재건축 시장은 하나의 맥을 유지할 것이다.

필수경제용어

● 전매

구입한 부동산을 단기적 이익을 바라고 다시 파는 것을 말한다. 부동산 경기가 좋고 전매이익이 많을 때 빈번하게 일어난다. 이 상황이 계속될 때 부동산 붐이 일고 가수요가 겹쳐 투기가 발생한다. 정부는 분양권 전매제한 등의 규제로 투기를 차단하는 대책을 구사한다.

6

실버 시대

_ 국제 경제

01 중국 '쌍둥이 흑자'의 비밀?

02 러시아 모라토리엄, 이번엔 미국 디폴트?

03 국가의 목줄 쥔 신용평가사, 다궁의 습격?

04 전 세계를 무너뜨린 미국발 금융위기

05 뜨는 중국의 시대

06 FTA로 삼겹살을 싸게 먹을 수 있다고요?

07 국제 금융거래에 로빈후드 세금이 있다고?

08 국제유가 상승이 한국 주유소에 미치는 영향은?

더 큰 세상을 바라보자

길고긴 여행의 끝자락에 왔다.

국제 경제는 보다 넓은 경제 시각을 갖추기 위한 필수 코스라고 봐도 무방하다. 국내 경제만 알아서는 균형적인 경제관을 갖출 수 없다. 예를 들어 중국의 부상은 미국의 몰락과 무관치 않다. 거대 소비국가인 미국의 영향력이 약해지면서 중국이 새로운 소비국가로 떠오르고 있다. 중국이 수출에 대한 주도권을 잡은 것은 물론이다. 이처럼 국가와 국가는 유기적으로 연결돼 있다.

이 단원에선 경제뉴스에서 주요하게 다뤄지고 있는 국제 경제이야기를 담았다. 국제수지 등 기본적인 용어를 이해하는 것에서부터 최근 이슈로 부상하고 있는 미국의 디폴트 위기와 중국 부상론 등 다양한 이야기들을 통해 보다 넓고 균형 잡힌 경제관을 완성해보자.

중국 '쌍둥이 흑자'의 비밀?

– 국제수지의 이해

경상수지란 크게 상품수지, 서비스수지, 소득수지, 경상이전수지의 네 가지로 나뉜다. 상품수지란 물건을 수출입한 결과다. 물건 수출이 수입보다 많으면 상품수지는 흑자를 기록하고 물건 수입이 수출보다 많으면 적자를 기록한다. 한국은 1997년 외환위기 이후 꾸준히 상품수지 흑자를 유지해왔다.

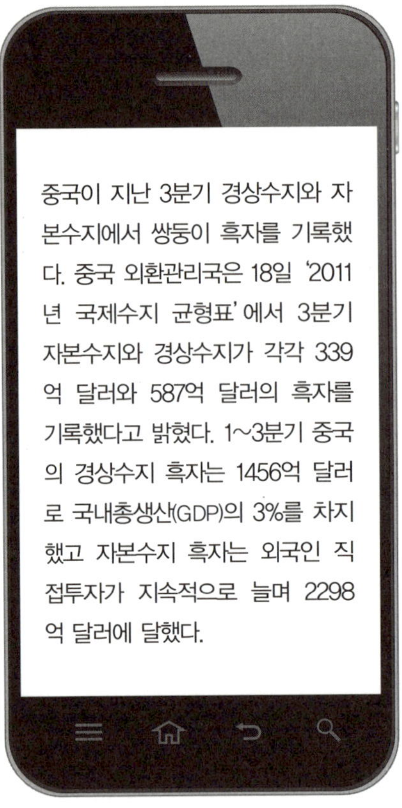

서비스수지란 여행, 유학, 연수 등 각종 서비스 활동을 통해 외화가 들어오고 나간 것을 가리킨다. 국민들의 해외여행으로 쓴 돈이 외국인들의 국내여행으로 벌어들인 돈보다 많으면 서비스수지는 적자를 나타낸다. 한국은 유학, 해외여행이 급증하면서 1998년 서비스수지 흑자를 기록한 이후 내내 적자를 기록하고 있다.

소득수지란 우리나라 국민이 해외에서 벌어들인 소득과 외국인이 국내에서 벌어들여 다른 나라로 유출한 소득의 차이다. 최근 외국인 근로자가 늘면서 타국 유출 소득이 급격히 증가하고 있다.

마지막으로 경상이전수지란 원조 등 무상으로 해외 이전한 송금액과 해외에서 국내로 이전한 송금액의 차이다. 과거 한국은 해외 원조를 많이 받았지만 최근에는 우리나라가 다른 나라에 도움을 주는 일이 많아지면서 지속적인 경상이전수지 적자를 기록하고 있다.

자본수지 역시 중요하다. 자본수지란 각종 투자활동을 통해 유출입된 외화를 가리킨다. 외국인의 국내 투자금액보다 내국인의 해외 투자금액이 더 크면 자본수지 적자를 기록한다. 경제가 건전한 상황을 유지해나가기 위해서는 이러한 국제수지가 균형적으로 유지돼야 한다. 경상수지가 지속적으로 흑자를 기록하면서 자본수지가 건전한 적자를 기록하는 것이 바람직한 흐름이다. 즉 미래를 보고 외국에 대한 투자를 지속적으로 늘려나가면서 국내 상품과 서비스에 대한 수출과 공급을 확대시켜나가는 것이 바람직하다.

경상수지와 자본수지는 어느 하나가 흑자를 기록하면 나머지 하나는 적자를 기록하는 것이 보통이다. 그런데 앞의 기사에서는 이 같은 공식이 깨진 것을 볼 수 있다. 즉 상품과 서비스의 수출이 수입보다 많으면서, 중국에 외국인들의 자본 유입이 활발히 이뤄졌기 때문에 가능한 결과다. 일각에선 경제의 개방성이 커진 상황에서 중국 정부의 정책이 어느 정도 성공적으로 적용되면서 '쌍둥이 흑자'를 기록하게 됐다는 평가를 내리고 있다.

필수경제용어

● 국제수지

일정 기간 한 나라가 다른 나라와 행한 모든 경제적 거래를 체계적으로 분류한 것을 가리킨다. 이때 '일정기간'은 통상적으로 1년을 지칭하는 것이나, 분기별 집계에서와 같이 1년 미만 또는 1년 이상으로 설정하는 경우도 있다. 재화와 용역의 거래, 국가간의 이전거래, 자본거래 등 일체의 거래를 포함한다.

러시아 모라토리엄,
이번엔 미국 디폴트?

– 디폴트와 모라토리엄

 미국이 디폴트 위험이라는데 디폴트가 무슨 뜻이야?

 국가가 채무를 지불할 능력이 없다는 뜻이야.

 이것도 금융위기와 관련이 있는 건가?

 관계가 없다고는 할 수 없겠지. 장기간의 불황으로 이어지지나 않을지 걱정이야. 우리 경제는 아무래도 미국과 밀접한 관계가 있으니까 말이야.

국제 신용평가사 무디스가 현지시간 17일 미국 캘리포니아주 93개 도시의 신용등급을 검토할 것이라고 밝혔다. 무디스는 캘리포니아 도시들이 발행한 지방채의 디폴트(채무불이행) 위험이 커지고 있다고 우려했다. 올해 여름 스탁턴, 샌버나디노, 매머드레이크 등 도시들이 잇따라 파산신청을 하면서 다른 캘리포니아 도시에 투자를 해도 괜찮은지에 대한 우려도 커졌다. 그러나 무디스는 이번 신용등급 검토를 전체 카운티가 아닌 신용등급을 매기는 93개 도시에 한정하기로 했다. 캘리포니아주는 무디스의 이러한 발표에 대해 이해할 수 없다는 반응을 보였다.

미국 시장은 물론 글로벌 금융시장이 함께 폭락하는 등 혼란기가 시작된 작년 8월초 벤 버냉키 미 연방준비제도이사회(FRB) 의장이 한 술집에 나타났다. 그는 잔뜩 술에 취한 채 주변 사람들에게 "경제가 엉망이 됐다"며 괴로움을 토로했다. 버냉키 의장을 취하게 한 것은 다름 아닌 망가져버린 미국 경제다.

미국 디폴트(채무불이행)의 조짐은 곳곳에서 나타나기 시작했다. 일부 지방정부의 돈 갚을 여력은 갈수록 떨어지는데 공공서비스 유지비와 연금부담은 늘면서 재정수급의 불균형이 악화됐다. 미국 동남부의 어떤 주는 채무 규모가 30억달러에 이르렀고, 이러한 상황은 고스란히 지역주민들의 생활고로 이어졌다.

미국 초당적정책센터(BPC) 조사에 따르면 9월(2011년) 미 정부가 거둬들일 세수는 1720억 달러인데, 지출해야 할 예산은 3070억 달러다. 1350억 달러(약 142조 원)가 부족하다는 계산이다. 이렇게 되면 연방공무원이나 군인, 대학교 직원 등의 월급을 주지 못하고 저소득층을 대상으로 한 의료보장제도와 고속도로 건설까지 중단될 수 있다.

미국 경제에 대한 불신이 확산되면서 투자자들이 높은 금리를 요구함에 따라 주택 담보대출 등 금리가 치솟아 국가 경제에 실질적인 타격이 불가피해졌다. 디폴트로 경기불황이 오면 세수마저 줄어들 수 있다.

디폴트 위기를 모면하기 위해 미국 정부가 택한 것은 부채 증액 협상이다. 즉 국가 부채의 한도를 늘림으로써 재정 적자 상황을 타개하려는 것이다. 실제 미국 정치권은 이 부채 한도 증액 협상을 두고 한참 논의를 이어갔고 결국 합의를 이끌어냈다.

그러나 시장은 미국의 부채 증액 협상에 환호하지 않았다. 오히려 증액 결정이 난 이후 유럽과 아시아 등 글로벌 증시가 폭락하며 혼란이 야기됐다.

디폴트란 빚에 대한 원금이나 이자를 도저히 지불할 수 없는 상태를 가리킨다. '디폴트 = 국가(기업) 파산'이라고 생각해도 무방하다. 국가가 디폴트 상태에 빠졌다고 채무자 또는 제3자에게 발표하는 것을 두고 디폴트 선언이라고 한다. 디폴트 선언을 이행한 국가의 대외신인도는 바닥에 떨어지고 대외거래가 사실상 어려워진다. 미국은 이러한 위기를 겨우 모면했지만 디폴트에 대한 두려움은 계속되고 있다.

그렇다면 모라토리엄이란 무엇일까.

1990년대 말 경제기사에서는 '러시아의 모라토리엄' 상황을 생생하게 전했다. 러시아는 모라토리엄을 겪으면서 금융시스템이 완전히 붕괴되는 불행을 겪었다.

모라토리엄은 채무지불유예, 즉 빚을 갚는 기한을 늦추는 것을 뜻한다.

국가(또는 기업)가 부채를 갚아야 하는 시점이 되었지만 그 액수가 너무 크기 때문에 일시적으로 부채상환을 연기하는 것이다.

이렇듯 한 국가가 모라토리엄을 선언하면 채무국과 채권국 간에, 돈을 빌린 국가와 빌려준 국가 간에 채무 협상이 시작된다. 모라토리엄을 선언한 나라 역시 대외신인도는 바닥에 떨어지고 돈을 빌리기가 쉽지 않게 된다. 1982년 멕시코 역시 무역적자가 심화되며 모라토리엄을 겪은 바 있다.

필수경제용어

● **FRB**(federal reserve board)

연방준비제도이사회. 1913년 창설된 미국의 연방준비제도의 결정기구로 금리 결정, 재무부 채권의 매입과 발행, 지급준비율 결정 등의 역할을 한다. 12개 연방준비은행을 관리하는 기관으로 워싱턴에 있다. FRB의장은 세계 경제대통령으로 불릴 정도로 금융정책에 관한 한 전 세계적으로 강력한 영향력을 갖고 있다.

● **미국 부채한도 증액 협상**

2011년 하반기에 미국의 부채한도 확대가 중요한 뉴스로 등장했다. 미국이라는 나라가 부채한도를 증액하는 것이 글로벌 경제와 어떤 연관이 있는 걸까. 미국은 세계 경제에 있어 가장 소비가 큰 나라다. 때문에 그 소비를 지탱하기 위해서는 자본을 빌려와야 한다. 그런데 돈을 무한정 빌려왔던 미국의 부채한도가 다 소진이 됐고, 미국 정부와 정치권이 부채한도 증액을 두고 협상을 벌이게 된 것이다.

국가의 목줄 쥔 신용평가사,
다궁의 습격?

– 국가 신용등급 하향 조정과 그 효과

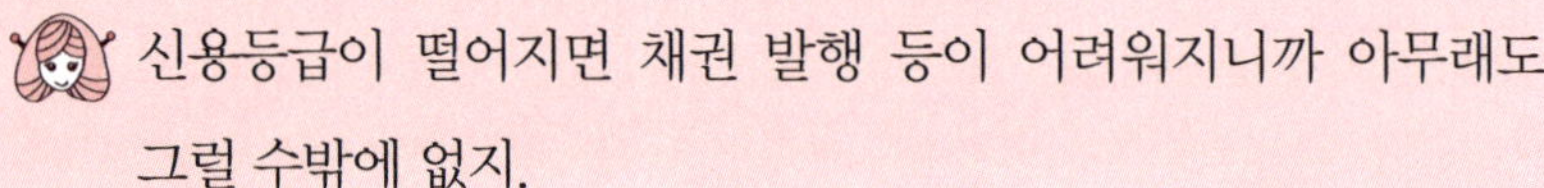

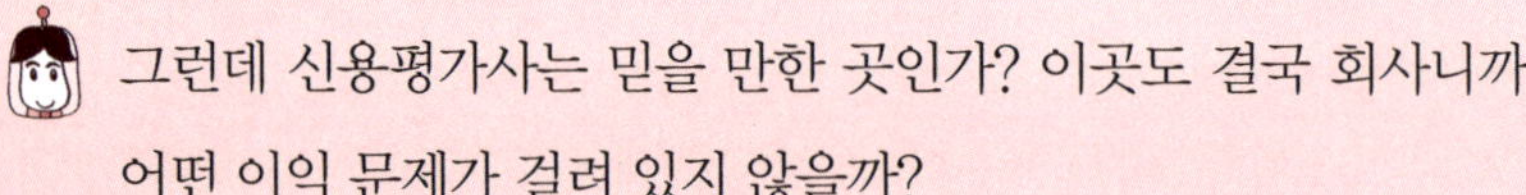

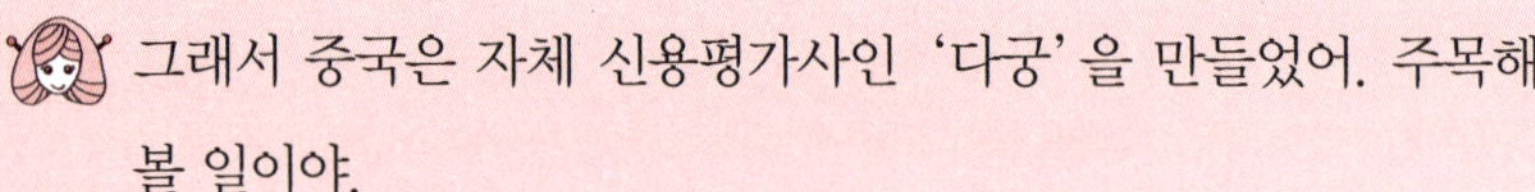

신용평가사 S&P가 미국의 신용등급을 강등하며 파장이 커지고 있다. S&P는 이례적으로 전화 기자회견을 열고 미국의 신용등급을 강등한 배경을 설명했다. 이 신용평가사는 최근 미국의 부채 한도조정 협상이 큰 실패로 끝났다면서 미국 정부의 재정 통제 능력에 근본적인 의문을 제기했다. 정치권이 10년 동안 2조 달러가량의 예산을 삭감하기로 한 것은 규모도 적을 뿐 아니라 실제 이행 여부도 불투명하다고 판단했다는 것이다. 민주당은 연금과 의료보험 개혁에 반대하고 있는 반면 공화당은 세금 인상에 반대하고 있어 미국 정부의 부채 규모가 큰 폭으로 줄어들 가능성이 크지 않다고 재차 강조했다.

한 국가에 대한 신용등급 조정은 세계 경제에 있어 큰 영향력을 미칠 수 있는 가장 큰 뉴스다. 미국의 신용등급 조정 역시 세계 경제에 큰 충격을 안겨주었다.

신용등급이란 전문 신용평가사가 정기적으로 발표하는 신뢰도로 국가, 기업, 은행 등에 대해 평가한다. 국가 신용등급의 경우 외채 규모, 경제성장률 등 경제상황은 물론 정치상황 등 경제외적인 상황들도 반영된다.

이러한 신용등급은 국내 금융시장이나 해외로부터 자금을 조달할 때 금리를 결정하는 중요한 기초 자료로 쓰인다. 특히 외국인 투자자들은 특정 국가에 대해 투자할 때 이 같은 신용등급을 주요 지표로 활용한다. 즉 신용등급이 높을수록 해외 자본을 유치하기가 수월해지는 것이다. 하지만 신용등급이 낮거나 떨어지면 해외 자본을 유치하기가 힘들어지면서 국가 경제는 어려움을 겪게 된다.

국제적으로 인정받는 신용평가사로는 S&P(스탠더드앤드푸어스), Moody's(무디스), Fitch(피치) 등 세 곳이 있다. 이 중 S&P는 2011년 하반기 미국 정부의 신용등급을 AAA에서 AA+로 한 단계 하향 조정했다. 재정 적자에 대한 우려와 미국 경제 성장률의 부진을 가장 큰 이유로 댔다. 존 체임버 S&P 임원은 국가부도 직전까지 끌고 간 미국 정치권의 대치가 신용등급 하향 조정의 결정적인 원인이 됐다고 밝혔다.

미국 신용등급 하향 조정의 충격은 컸다. 주요국 증시에서 주가는 하루가 멀다 하고 폭락했고, 경기에 민감한 원유 가격도 하락세를 면치 못했다. 국가 신용등급 평가가 시작된 1971년 이후 미국의 신용등급은 트리플 A를 지켜왔다. 신용등급이 94년 만에 처음으로 강등되며 영국이나 독일보다 낮아지게 됐다.

이에 대해 미국정부는 크게 반발했다. S&P 평가 과정에서 2조 달러의 채무가 더 높게 책정됐다며 오류와 편견에 근거한 잘못된 결정이라고 주장했다. 하지만 S&P는 2조 달러 부분을 계산에 포함시키지 않은 점을 인정했지만 '대세에 지장 없다' 며 하향 조정 결정을 밀어붙였다. S&P측은 "(미정부와 S&P의 계산에) 차이가 생긴 것은 서로 다른 가정에 근거해 계산했기 때문이지 실수가 아니다"라고 반박한다.

미국 정부는 산하 금융감독 기관을 동원해 본격적인 반격에 나섰다. 미 증권거래위원회(SEC)는 S&P가 미국의 장기 국채 신용등급을 평가할 때 2조 달러(약 2162조 원)에 달하는 계산 착오가 있었다는 미 재무부의 지적에 따라 이 회사의 신용등급 평가 모델을 면밀히 조사하기로 했다. SEC는 증시 관련 업무 외에 신용평가사에 대한 관리·감독도 맡고 있다.

SEC는 이 외에도 S&P 내부 직원 중에 미국의 신용등급 강등 소식을 사전에 유출한 이가 있었는지도 함께 조사할 계획인 것으로 전해졌다. S&P는 시장의 충격을 우려해 증시가 폐장한 지 4시간 정도 지난 오후 8시쯤 평가결과를 공표했지만 시장이 문을 닫기 전부터 미국의 신용등급 하향 조정 소문이 빠르게 확산됐다. S&P에 따르면 신용등급 평가에 참여하지 않는 직원 중에도 사전에 평가결과를 미리 알 수 있는 위치에 있는 직원들이 있는 것으로 나타났다.

이렇듯 미국의 신용등급 강등을 두고 논란이 일고 있지만 신용평가사들의 신뢰도 문제에 대한 의구심은 예전부터 계속돼 왔다. 숨겨진 위기의 고발자인가, 금융시장의 숨은 권력자인가를 두고 설왕설래하고 있다.

그렇다면 한국의 신용등급은 어떻게 평가되고 있을까.

한국 역시 신용등급이 경제 체력에 걸맞지 않게 낮은 편이라는 지적이 제기되고 있다. 한국은 2012년 현재까지 1997년 외환위기 이전 수준의 신용등급도 회복하지 못하고 있다. 중국, 홍콩 등도 한국보다 높은 등급을 부여받고 있는 실정이다. 한국의 경제상황이 많이 나아졌지만 외국인들로부터 여전히 크게 신뢰받지 못하고 있다는 것을 뜻하기도 한다.

외환위기 당시 한국의 신용등급은 Ba1까지 떨어졌다. 미국 등 선진국들이 AAA(트리플A)를 받아왔던 것을 생각하면 치욕적인 결과다. 등급이 떨어지면서 외환이 더욱 유출되는 악순환이 이어졌다. 신용평가사의 한마디에 국가의 운명이 좌우되는 결과가 나온 것이다. 이에 각 국가들은 자국의 경제상황을 적극 설명해오고 있지만 이번 미국 신용등급 강등과 같이 갈등이 불가피한 현실이다.

국제 신용평가사들의 횡포가 계속된다는 판단 아래 신흥시장의 평가사들이 주도권 잡기에 나섰다. 대표적인 곳이 중국의 신용평가사인 다궁이다. 중국 최초 신평사인 다궁 국제자산신용평가유한공사는 서방신용평가사인 S&P, 무디스, 피치 등 3개 신평사에 선전포고를 했다. 그동안 국가별 신용등급 평가는 3대 신평사와 일본의 R&I, JCR만이 발표해왔다.

다궁은 서방 선진국 중심으로 국가 신용등급이 매겨지고 있다는 인식에 따라 3대 평가사와 차별화한다는 전략을 세웠다. 물론 자국에 대한 신용등급을 유리하게 평가하기 위한 목적도 무시할 수 없다.

다궁은 첫 국가 신용등급 발표에서 중국의 신용등급을 미국, 프랑스, 영국보다 높은 AA+로 책정했다. 이후 미국의 국가 신용등급을 AA에서 A+로 가장 먼저 강등했다.

물론 아직까지 다궁의 신용등급 평가가 시장에 미치는 영향력은 크지 않다. 하지만 앞으로 글로벌 3대 신용평가사들을 가장 위력적으로 위협할 곳은 다궁이라는 전망에 힘이 실리고 있다.

필수경제용어

● SEC(증권거래위원회)

증권시장의 건전성과 투명성을 보장하기 위해 미국 연방정부 산하에 설립된 준사법기관이다. 1920년대 말 대공황을 거치면서 증시 감독체계에 문제가 있다는 지적이 제기됨에 따라 1934년 설립됐다. 기업의 회계 부정과 신용평가사에 대한 관리·감독 등도 겸하고 있다.

04 전 세계를 무너뜨린 미국발 금융위기
– 서브프라임 금융위기의 파장

 전에도 잠시 말했지만 2008년 금융위기는 어디까지 영향을 미칠까?

 2008년 상황을 자세히 알아보면 조금 가닥이 잡히지 않겠어?

 가장 중요한 사건이 서브프라임 모기지론이었지?

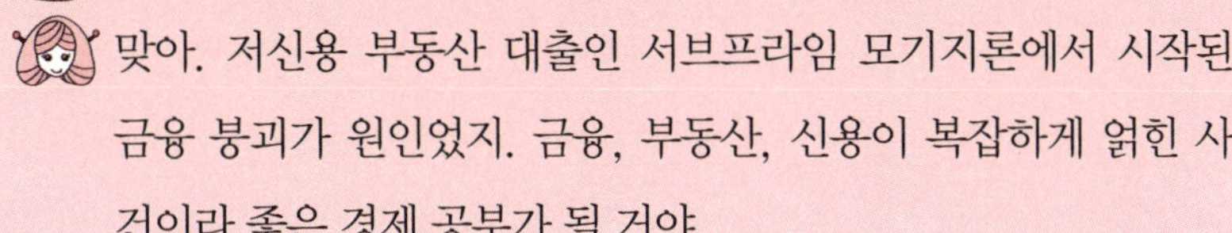 맞아. 저신용 부동산 대출인 서브프라임 모기지론에서 시작된 금융 붕괴가 원인었지. 금융, 부동산, 신용이 복잡하게 얽힌 사건이라 좋은 경제 공부가 될 거야.

전 세계 금융시장을 뒤흔든 사건은 여러 가지가 있다. 그중에서도 충격
이 컸던 것은 바로 서브프라임 부실로부터 촉발된 2008년 글로벌 금융위
기다.

서브프라임 모기지란 미국에서 저소득층을 대상으로 한 부동산 담보대
출이다. 처음엔 가난한 이들에게 금융 혜택을 주겠다고 출발했지만 결국
이 서브프라임 모기지 대출에 문제가 생기면서 전 세계 금융시장이 충격을
받았다.

2005년만 해도 미국의 부동산 모기지 중에서 서브프라임 모기지가 차지
하는 비중은 5% 남짓하는 등 미국 전체 금융시장에서 서브프라임 모기지
가 차지하는 비중은 크지 않았다.

그러나 2008년 서브프라임 모기지 부실로 촉발된 미국 금융시장의 부실

규모는 약 1조 달러를 기록했다. 이로 인해 베어스턴스, 리먼브러더스, 메릴린치 등 미국의 내로라하는 대형 투자은행들이 문을 닫았고, 부동산과 주식시장의 폭락으로 10조 달러 이상의 돈이 사라졌다. 대공황 이후 최악의 금융위기가 닥친 것이다.

이러한 금융위기가 촉발된 이유는 비단 서브프라임 모기지론의 문제 때문만은 아니었다. 금융위기를 촉발시킨 장본인은 다름 아닌 미 연방은행장인 그린스펀이었다. 그는 시장에서 초저금리를 유지함으로써 금융기관들이 돈을 많이 빌려 시장에 풀도록 했다. 이는 최근 경기부양을 위해 금리를 최저금리로 유지하는 우리나라의 한국은행이 펼치고 있는 정책과도 유사하다.

그린스펀 의장은 2003년 1%의 초저금리를 1년 내내 유지했다. 그야말로 미국 금융기관들에게 공짜로 돈을 빌려 이익을 낼 수 있는 환경이 주어진 것이다. 월가의 대형 은행들은 너도나도 연방은행에서 돈을 빌려 무차별적인 대출을 감행했다. 결국 빈민가를 돌아다니면서 대출을 권유하기 시작했고 이것이 서브프라임 모기지론이 된 것이다.

그러나 서브프라임 모기지만으로 글로벌 금융위기가 발생한 것은 아니다. 금융위기를 전 세계적인 규모로 확산시킨 것은 파생상품이다.

서브프라임은 저소득층을 대상으로 한 대출상품이기 때문에 위험도도 높고 이자가 비싸다. 이에 미국 금융기관은 이러한 모기지 채권을 각각의 종류로 묶어 판매한다. 이것이 바로 위험분산 파생상품인 CMO(다계층증권, collateralized mortgage obligations)다. 결국 전체 대출시장의 5%에 불과했던 서브프라임 모기지는 이 CMO와 같은 파생상품을 통해 전체 모기지대출로 확산되면서 글로벌 금융시장에 위험을 안겼다.

CMO뿐만 아니라 이때 나온 파생상품들에 투자함으로써 금융회사들이 상당한 피해를 입었다. 특히 한국 금융회사들 중에도 당시 판매된 파생상품 투자로 피해를 본 곳이 적지 않게 있다.

실제 CDO(부채담보부증권, collateralized debt obligation) 사기판매 여부를 놓고 판매사인 미국 투자은행(IB) 골드먼삭스와 국내 흥국생명·흥국화재가 본격적으로 법리 공방을 펼치고 있다. 미국에서 '서브프라임 모기지론 사태' 당시 금융위기를 촉발시킨 CDO의 안전성과 수익성을 속이고 팔았느냐가 쟁점이다. 미국에서는 관련 민사소송이, 한국에서는 검찰 수사가 진행됐다.

흥국생명 등은 2003년께부터 CDO에 투자했다. 2007년 팀버 울프에 투자할 당시에는 이미 서브프라임 모기지론 사태가 불거져 투자 위험성을 충분히 알 만한 상황이었다는 분석도 있다. 흥국생명 측은 이에 대해 "한국에서 미국 서브프라임 모기지론 사태의 위험성을 제대로 알기가 힘들었다"라고 반박했다.

골드먼삭스는 앞서 지난해 7월 CDO를 판매하면서 허위 내용을 기재하고 투자자를 호도했다는 등의 이유로 사상 최대 규모인 5억5000만 달러의 합의금을 내기로 미국 증권거래위원회(SEC)와 합의했다.

결국 미국 정부는 서브프라임 모기지 사태로 인해 쓰레기가 된 채권을 국민들의 세금으로 사들여야 했고 빚을 떠안은 정부로 전락하게 됐다. 미국 정부의 재정적자는 2차 세계대전 이후 최고치를 기록했고 결국 3년 후 신용등급 하향 조정으로 이어지는 비극을 낳았다.

● CMO(주택저당담보부 다계층증권)

미국의 채권 담보증권의 일종으로 주택융자를 빌려주는 기관인 저축대부조합이나 상업은행 등이 같은 이율의 융자를 일정액 이상 모았다가 증권화해 발행한다. 주택저당대출의 현금 흐름을 여러 종류의 유동화 증권에 재분배하는 것으로, 투자자들을 여러 클래스로 나누고 원금 상환액을 각각의 클래스에 분배한다. CMO는 금융기관이 자산 유동화가 쉽게 이뤄지도록 자회사를 세워 투자자들에게 돈을 빌려주는 구조를 취하면서 투자자의 원금 손실 가능성을 줄이기 위해 만들어진 파생상품이다. 보다 쉽게 원리를 설명하면 이렇다. 최초 대출자로부터 회수할 것으로 기대되는 자금을 기본으로 하여 증권을 두 종류 발행하는 것이다. 바로 선순위와 후순위 채권이다.

후순위 채권의 경우 돈을 못 받을 확률도 있지만 적은 돈을 투자해 많은 수익을 올릴 수 있는 그야말로 고위험 고수익 상품이 된 것이다. 최근 미국을 뒤흔든 서브프라임 모기지 사태 뒤에는 바로 이러한 후순위 채권이 있다.

신용도가 떨어지는 고객에게까지 주택 담보대출(서브프라임 모기지)이 이뤄졌고 이처럼 파산 위험이 높은 대출을 포함한 대출 자산이 한 묶음이 돼 자회사로 양도되고 이를 기초로 선순위채와 후순위채가 발행됐다.

이 경우 선순위채를 사면 안전하지만 후순위채를 사는 것은 상당한 도박이다. 대출 상환율이 조금만 좋아져도 후순위 채권의 수익률은 엄청나게 높지만, 금리가 올라가고 경제 상황이 나빠지면 신용도가 떨어지는 대출 고객들이 원금을 못 갚게 되고 그 위험은 결국 후순위채 매수자들에게로 전가된다.

2008년 금융위기 시 문제가 된 베어스턴스의 헤지 펀드가 바로 후순위채에 해당하는 채권을 사들여서 고수익을 노리다가 상황이 악화되면서 파산 직전에 이르렀다.

● CDO(부채담보부증권)

미국 주택 담보대출을 기초로 만들어진 파생금융상품이다. CDO의 기본 구조는 서브프라임 채권과 비슷하다, 대출을 기반으로 채권을 발행하는 것이다. 그러나 여기에는 각종 대출이 혼합돼 있다. A사, B사, C사에 대한 대출을 모두 묶어 채권을 발행한다.

CDO는 발행자가 마음대로 대출을 뒤섞는데서 나아가 성격이 전혀 다른 대출까지 뒤섞기 시작했다. 서브프라임대출과 기업대출을 뒤섞는 것이다. 불량기업이 섞인 CDO는 위험이 매우 증가한다.

글로벌 자산 가격 붐에 힘입어 CDO는 2006년 한 해 동안 미국 등에서 1조 달러(약 917조 원) 어치가 발행될 정도로 큰 인기를 얻었지만 2007년 들어 미국 주택 담보대출 연체율이 높아지면서 가격이 폭락해 글로벌 투자자들이 큰 손해를 보았다. 한국의 한 은행의 파생팀장은 CDO의 구조는 이를 만들어 판매한 해외투자은행만 제대로 알고 있다며 주식시장처럼 거래 가격이 공개되지 않고 있는 것이 가장 큰 문제라고 설명했다.

● 서브프라임 모기지

비우량 주택 담보대출로 신용도가 일정 기준 이하인 저소득층을 상대로 한 미국의 주택 담보대출이다. 모기지 서브프라임이라고도 한다. 미국의 주택 담보대출은 프라임(prime), 알트-A(alternative A), 서브프라임의 3등급으로 구분된다. 프라임 등급은 신용도가 좋은 개인을 상대로 한 주택 담보대출, 알트-A는 중간 정도의 신용을 가진 개인을 상대로 한 주택 담보대출, 서브프라임은 신용도가 일정기준 이하인 저소득층을 상대로 한 주택 담보대출을 말한다. 이 가운데 서브프라임 등급은 부실 위험이 있기 때문에 프라임 등급보다 대출금리가 2~4% 정도 높은 게 일반적이다.

뜨는 중국의 시대

– 팍스 아메리카나를 바꾼 팍스 시니카

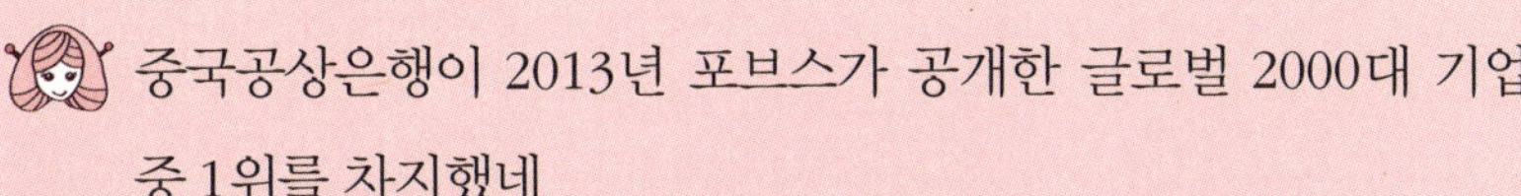 중국공상은행이 2013년 포브스가 공개한 글로벌 2000대 기업 중 1위를 차지했네.

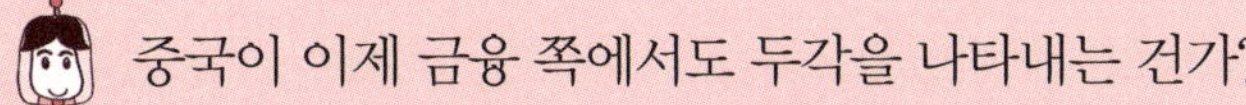 중국이 이제 금융 쪽에서도 두각을 나타내는 건가?

아무래도 많은 자금이 왔다 갔다 하는 곳이니까 금융이 발전할 수밖에 없지. 중국공상은행의 순이익만 43조 원이니까 삼성전자의 두 배에 육박하는 규모라고.

와우!

오는 2020년 중국이 미국을 제치고 세계 주도 세력이 될 것이라는 전망이 제기됐다. 기획재정부는 이러한 내용을 담은 '2020년 세계경제 5대 관전 포인트' 보고서를 발표했다. 이 보고서에서 기재부는 중국의 세계경제 1위 부상 가능성을 언급했다. 또한 유로존(유로화 사용 17개국)의 재정통합 가능성과 새로운 기후변화 체제의 출범, 선진국의 재정 건전성 달성 등의 관전 포인트를 제시했다. 기재부는 중국은 2020년까지 아시아 부흥을 선도하며 경제, 군사력, 기술을 겸비한 '소프트파워'를 통해 세계의 주도 세력으로 탈바꿈할 것이라고 내다봤다.

과거 로마제국이 세계를 지배할 때 팍스 로마나(pax romana)라는 말이 나왔다. 팍스 로마나란 라틴어로 '로마의 평화'라는 뜻으로 로마 제국이 전쟁을 통한 영토 확장을 최소화하면서 오랜 평화를 누렸던, 1세기와 2세기경의 시기를 말한다.

역사가들은 이러한 팍스 로마나라는 개념을 사용해 강대국의 폭력에 의한 가짜 평화가 등장할 때에 신조어를 만들어낸다. 19세기 영국의 식민통치를 가리켜 팍스 브리태니카(pax britanica)라고 부른 것이 그 예이다. 팍스 시니카는 제2차 세계대전 이후 미국에 의해 유지되는 세계 평화체제를 일컫는 팍스 아메리카나(pax americana)에 이어 등장했다.

누리엘 루비니 뉴욕대 교수는 과거 대영제국이 세계대전 이후 막대한 전비로 빚더미에 올라서면서 파운드화가 붕괴됐던 일이 미국에서도 일어날 것이라고 전망했다. 팍스 브리태니카가 무너진 것처럼 팍스 아메리카나도 침몰할 것이라는 어두운 시나리오를 제시한다.

반대로 세계의 공장으로 불리던 중국이 세계의 은행으로 탈바꿈하고 있다. 팍스 시니카는 그야말로 미국의 시대가 가고, 중국의 시대가 왔다는 것을 함축적으로 표현한 말이기도 하다.

글로벌 금융위기 이후 세계의 경제 권력은 중국을 중심으로 서양에서 동양으로 완연히 이동하고 있다. 중국의 부상은 통계에서 명확히 드러난다. 일단 성장세가 거침없다. 중국은 2003년부터 2007년까지 매년 두 자리 수 성장률을 보인데 이어 금융위기가 터진 2008년과 그 이듬해에도 9%대 성장률을 달성했다. 2010년에는 다시 10.3%의 성장률로 두 자리 수 성장세로 복귀했다.

중국은 이 같은 성장세에 따른 인플레이션 우려로 작년 10월 이후 네 차례나 기준금리를 올리는 등 출구전략에 나섰다. 그럼에도 성장모멘텀은 사그라지지 않았다. 시장전문가들은 머지않아 중국이 세계 1위의 경제대국으로 부상할 것이라는 전망을 너도나도 내놓고 있다.

이러한 전망은 지표로도 어김없이 나타나고 있다. 2010년 중국은 국내총생산(GDP)이 5조8786억 달러에 달해 일본을 제치고 세계 2위의 경제대국으로 올라섰다. 1위인 미국의 GDP(14조7578억 달러)와 비교하면 아직 절반에도 못 미치지만 성장세로 보면 미국을 넘어서는 것은 시간문제라는 분석이다. 아울러 국제통화기금(IMF)은 지금으로부터 5년 후인 2016년이면 중국의 실질 경제규모가 미국을 앞지를 것이란 예측치를 내놓았다.

중국은 제조업뿐만 아니라 금융업에서도 두각을 나타내고 있다. 무엇보다 중국은 막대한 외환보유액으로 각국의 자산을 쓸어 담으면서 경제력을 과시하고 있다.

중국의 외환보유액은 2011년 3월말 기준 3조447억 달러를 기록했다. 지난 1996년 처음으로 1000억 달러를 넘어선 이래 10년 만인 2006년 9월 1조 달러를 돌파했고, 2009년 6월 2조 달러를 넘어섰다. 외환보유액 2위인 일본(1조 달러)의 2배에 달하는 수준이다. 이 같은 자금력을 바탕으로 중국은 미국 국채를 세계에서 가장 많이 보유한 국가가 됐다. 미국 경제의 숨통을 쥘 수도 있는 미국 최대의 채권국인 셈이다.

중국 금융기관들의 힘도 막강해졌다. 2009년 3월 시가총액 기준으로 전 세계 주요 은행의 순위를 살펴보면 세계 1, 2, 3위를 중국계 은행이 휩쓸었다. 1위는 중국공상은행(1753억 달러), 2위는 중국건설은행(1287억 달러), 3위는 외환업무를 담당하는 중국은행(1128억 달러)으로 나타났다. 이 중에서도 중국공상은행은 1984년에 설립된 역사가 짧은 은행이지만 중국에서 가장 영향력이 큰 은행으로 꼽힌다. 중국공상은행은 시가총액 외에 보유예금 규모에서도 세계 1위를 차지했다. 사실 중국공상은행은 1990년대 말만 해도 부실채권이 30%를 넘어 정부가 지원하는 자금으로 겨우 연명하는 은행이었다. 그러나 이후 부실대출을 줄이고 외화채권 보유를 낮추며 재무건전성을 높이는 데 주력해 지금의 자리에 올랐다.

이러한 금융기관의 힘을 바탕으로 '차이나 머니'는 각국 채권뿐 아니라 기업, 부동산, 원자재 등 각종 자산 곳곳에 파고들고 있다. 중국 상무부에 따르면 중국의 대외직접투자는 2003년까지만 해도 외국인의 중국투자액의 5%에 불과했지만 2009년에는 60%까지 증가했다.

아울러 중국은 재정위기를 겪고 있는 스페인 국채를 대량 매입해 유럽에서 큰손으로 떠올랐다. 실제 중국이 미 국채를 더 내다 팔까 봐 미국은 노심초사다.

값싼 상품을 생산하던 '세계의 공장' 중국은 이제 전 세계의 자산을 사들이고 돈까지 빌려주는 '세계의 은행'으로 떠오르고 있다. 골드먼삭스는 GDP 규모에서 중국이 미국을 추월하는 시기를 2002년 보고서에서는 2040년으로 내다봤지만 최근 2027년으로 앞당겼다. 중국은 이 같은 경제성장을 바탕으로 위안화를 기축통화로 만들기 위해 노력하고 있다.

물론 중국의 성장에 한계가 있다는 분석도 만만치 않다. 경제는 빠르게 성장하고 있지만 내수와 수출의 불균형이 심하고, 수출과 투자에 대한 의존도가 지나친데다, 부동산 투자 과열에 따른 버블 붕괴의 가능성도 적지 않다는 지적이다. 중국 정부의 경제정책은 내수부양으로 초점을 점차 이동하고 있지만, 그동안 정부 주도의 투자에 의존한 만큼 쉽지 않을 것이란 전망이 많다. 2009년 중국의 소비비중은 35.6%로 미국의 70.1%에 비해 절반 수준이고 인도(54.7%) 등 신흥국에도 미치지 못하고 있다.

하지만 이 같은 논란에도 불구하고 미국에 맞서 차세대 글로벌 경제질서를 이끌어갈 국가로 중국이 유력하다는 분석에는 큰 이견이 없다.

필수경제용어

● 친디아(chindia)

중국(china)과 인도(india)의 합성어인 친디아는 두 나라의 거대한 인구와 높은 경제성장률 등 경제적 영향력이 막강해지면서 등장했다. 인구 면에서 중국이 13억 명, 인도가 11억 명으로 두 나라 인구만 합쳐도 24억 명에 달한다. 전 세계 인구의 약 40%가 이 두 나라에 집중된 것이다. 아울러 이 두 나라의 경제성장률은 무섭게 올라가고 있고, 수십 년 내에 친디아가 세계 최고의 경제대국으로 부상할 것이라는 전망이 나오고 있다.

● 브릭스(BRICS)

2003년 미국의 증권회사인 골드먼삭스그룹 보고서에서 처음 등장한 용어로 브라질(brazil)·러시아(russia)·인도(india)·중국(china) 4국의 영문 머리글자를 딴 것이다.

이들 4개국은 1990년대 말부터 빠른 성장을 거듭하면서 새로운 신흥경제국으로 주목받기 시작했다. 경제 전문가들은 2030년 무렵이면 이들이 세계 최대의 경제권으로 도약할 것으로 보고 있다. 브릭스는 현재의 경제성장 속도와 앞으로의 발전 가능성으로 볼 때, 4개국의 성장 가능성이 가장 크다는 뜻에서 하나의 경제권으로 묶은 개념이다. 브릭스 4개국은 공통적으로 거대한 영토와 인구, 풍부한 지하자원 등 경제대국으로 성장할 수 있는 요인을 갖추고 있다. 최근에는 남아프리카공화국(republic of south africa)을 포함해 5개국을 지칭하는 용어로 변모하고 있다.

● 기축통화

국제통화라고도 불리는 기축통화는 미국 예일대학의 트리핀 교수가 처음 쓴 말이다. 국제결제나 글로벌 금융거래의 중심이 되는 특정국의 통화로 보통 미국 달러를 가리킨다. 따라서 미국을 기축통화국이라고도 부른다. 지난날 파운드는 영국의 국제적 지위 때문에 오랫동안 기축통화로서의 자격을 확보해 왔으나 2차 대전 후 미국이 각국 중앙은행에 달러의 금태환, 즉 달러를 금으로 바꿔준다고 약속함에 따라 달러가 기축통화로서 중심적 지위를 차지하게 됐다. 그러나 최근에는 미국의 무역적자, 재정적자로 인한 국제적인 지위 약화에 따라 달러의 기축통화 역할도 위태로운 실정이다. 이에 중국이 자국통화인 위안화를 기축통화로 만들기 위해 갖은 노력을 다하고 있다.

FTA로 삼겹살을 싸게
먹을 수 있다고?
– 자유무역협정(FTA) 효과

 오늘 친구와 삼겹살에 소주를 한잔했는데, 가격이 저렴해서 봤더니 삼겹살이 벨기에산이더라고.

 EU와 맺은 자유무역협정 덕분에 관세가 철폐되면서 고기가 저렴해진 모양이네.

오늘 친구와 삼겹살에 소주를 한잔했는데, 가격이 저렴해서 봤더니 삼겹살이 벨기에산이더라고.

그러면 자유무역협정은 우리에게 좋은 건가?

글쎄, 단순히 고기값이 아니라 더 큰 차원에서 봐야 할 것 같은데.

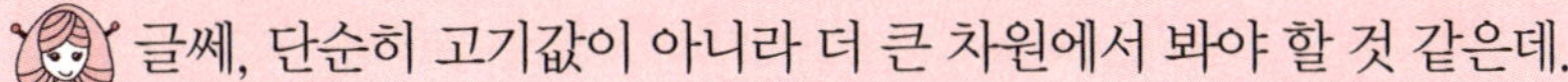

한미 자유무역협정(FTA)의 효과는 기대보다 크지 않은 것으로 나타났다. 한국수입자동차협회에 따르면 미국차 브랜드의 올 1~7월 점유율은 전년동기보다 0.1%포인트 높아진 7.6%를 기록했다. 한미FTA가 발효되며 시장 점유율을 확대할 것으로 예상됐던 포드, 크라이슬러, 캐딜락 등 미국차 업체들의 선전이 눈에 띄지 않고 있는 것이다. 캐딜락의 판매량은 오히려 30% 가까이 줄었다.

FTA(자유무역협정, free trade agreement)란 특정 국가 간의 상호 무역증진을 위해 물자나 서비스 이동을 자유화시키는 협정이다. 관세를 철폐하는 등 나라와 나라 사이의 제반 무역장벽을 완화해 무역자유화를 실현하기 위한 양국간 또는 지역 사이에 체결하는 특혜무역협정이다.

모든 회원국이 자국의 고유한 관세와 수출입제도를 완전히 철폐하고, 역내의 단일관세 및 수출입제도를 공동으로 유지하는 방식으로, 유럽연합이 대표적인 예다. 이와 비견되는 제도로는 회원국이 역내의 단일관세 및 수출입제도를 공동으로 유지하지 않고 자국의 고유관세 및 수출입제도를 그대로 유지하면서 무역장벽을 완화하는 방식으로, 북미자유무역협정이 있다.

2002년 당시 WTO 회원국 가운데 거의 모든 국가가 1개 이상의 FTA를 체결하고 있으며, 효력을 유지하고 있는 협정만도 148개에 달했다. 한국은 1998년 11월 대외경제조정위원회에서 FTA 체결을 추진하기 시작하여 한국 최초의 한-칠레 FTA가 2004년 4월 1일부터 발효되었다. 그 뒤로 한-싱가포르 FTA는 2006년 3월 2일에, 한-유럽자유무역연합(EFTA) FTA는 2006년 9월 1일에 발효되었다. 2007년 6월 발효된 한-ASEAN(동남아시아국가연합) FTA 상품무역협정은 2008년 11월 캄보디아 등 9개국에 대한 발효가 완료됐다.

그러나 유독 한국과 미국의 FTA 협상은 오랫동안 진행됐다. 한미 FTA는 2006년 2월 3일에 추진해 2007년 4월 2일에 타결됐다. 6월 30일에 양국이 서명했는데, 장기간 논의를 계속하다 결국 2012년 3월 15일 최종 발효됐다. 한국정부는 2011년 11월 22일 국회에서 여당 단독으로 한미 FTA 비준안이 통과된 뒤 3개월간 화상회의, 대면회의, 이메일 교환 등을 통해 양국 법률안 등의 발효 준비 작업을 벌여왔다.

결국 2006년 6월 협상이 시작된 지 5년 8개월 만, 2007년 4월 협상이 타결된 지 4년 10개월 만에 한미 FTA가 공식 발효됐다.

처음부터 민감했던 쌀과 해운은 협상에서 제외돼 갈등이 없었다. 비교적 민감한 이슈가 될 것으로 예상했던 쇠고기 부문은 타결이 됐 는데, 미국이 협상안에 불만을 가졌고, 게다가 자동차 협상도 미국 측에 불리하게 이루어졌다고 미국 의회가 비준을 거부했지만 결국 통과됐다.

미국은 자동차 무역불균형을 계속적으로 문제 삼았다. 2007년 체결 당시 반대에 앞장섰던 미 민주당 지도부는 한국은 미국에 70만 대의 자동차를 팔고 있는데 반해, 미국은 5천 대도 못 팔았다고 불만을 표시하기도 했다.

한편 2011년 7월 세계 최대 경제권인 유럽연합(EU)과 우리나라의 자유무역협정, 한-EU FTA가 발효됐다. 자동차 등 특정부분은 우리나라와 EU 모두 큰 폭의 수출신장세를 보였고 가격이 급등한 유럽산 돼지고기, 닭고기 등 먹을거리의 수입이 러시를 이뤘다. 관세청에 따르면 한-EU FTA가 발효된 후 한 달간 대(對) EU 자동차 수출은 4억5100만 달러로 1년 전 실적(2억4500만 달러)보다 무려 84%나 늘었다.

FTA 발효를 통해 주의할 것은 바로 윔블던 효과다. 윔블던은 영국의 윔블던 지방에서 열리는 세계적인 테니스 대회다. 이 대회는 1877년 제1회 대회를 시작한 후 매년 열리고 있다. 처음에는 영국 상류사회 중심으로 폐쇄적인 경기로 열리다가 1968년에 외국 선수에게도 문호를 개방했다.

문제는 이때부터다. 외국 선수에게 문호를 개방하면서부터 영국 선수의 우승이 힘들어지기 시작한 것이다. 때문에 윔블던 효과란 말은 개방으로 인해 한 국가의 금융계 주도권이 외국 자본으로 넘어가는 것을 가리키게 됐다. 아울러 국내 시장에서 외국기업들이 활개를 치고 다니는 반면 자국 기업들은 부진을 면치 못하는 현상을 가리킨다.

우리나라에서도 한미 FTA, 한-EU FTA가 윔블던 효과를 초래할 수 있다는 우려가 제기되고 있다.

필수경제용어

● 관세

국세의 하나로 관세 영역을 통과하는 화물에 대해 부과되는 세금이다. 수출세, 수입세, 통과세 등 세 종류가 있지만 현재 우리나라에는 수입세만 적용되고 있다. 관세의 전제가 되는 관세선은 관세에 관한 법률규제가 이루어지는 경계이다. 이 관세선은 정치적으로는 자국의 영역이라도 관세 제도상으로는 타국의 영역과 동일하게 다루어지는 자유무역지역, 그와 반대로 정치적으로는 타국의 영역일지라도 관세 제도상으로는 자국의 영역과 다름없는 보세구역이나 관세동맹국 등이 있다.

07

국제 금융거래에
로빈후드 세금이 있다고?

– 투기자본 규제와 금융거래세(토빈세)

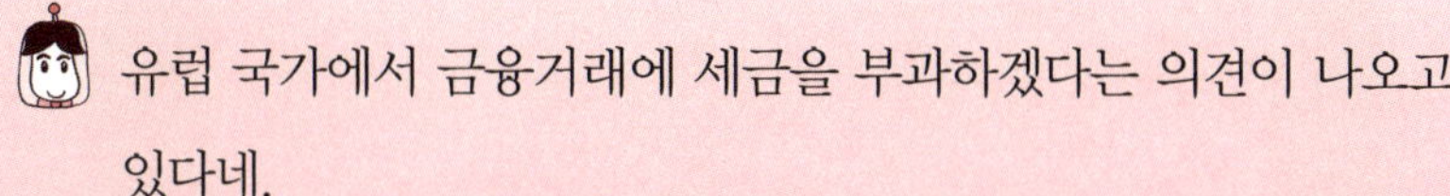

2008년 세계 금융위기 이후 투기자본에 대한 규제 차원에서 고개를 들었던, 금융거래에 세금을 부과하자는 일명 토빈세가 독일과 프랑스 정상에 의해 다시 제안됐다. 앙겔라 메르켈 독일 총리와 니콜라 사르코지 프랑스 대통령은 16일(현지시간) 파리 정상회담 뒤 공동 기자회견을 열고 금융거래세를 신설하자는 데 의견을 모았다고 밝혔다.   - 2011년 8월 -

프랑스 올랑드 정부는 경제 성장을 촉진하기 위해 증세와 세금 신설에 박차를 가하고 있다. 지난 1일부터 금융거래세, 즉 토빈세 시행에 들어간 데 이어 9월에는 연소득 100만 유로 이상인 고소득층의 소득세율을 최고 75%로 인상하는 법안이 의회에 상정된다. 그러나 실제 세수증대 효과가 기대에 미치지 못하는데다가, 세금을 피하기 위한 부자들의 해외 이탈 움직임이 가시화되면서 우울한 정국을 맞고 있다.   - 2012년 8월 -

2011년 유럽발 재정위기가 감지되며 유럽 각국들은 금융거래세를 도입하자는 논의를 다시 꺼냈다. 금융거래세는 2008년 세계 금융위기 이후 투기자본의 규제를 위해 도입이 논의된 바 있다.

일명 토빈세라고 불리는 이 세금은 특정 형태의 금융거래에 부과된다. 노벨경제학상 수상자이자 전 예일대 교수인 제임스 토빈(1918~2002)이

1971년 제안해 토빈세라는 이름이 지어졌다. 고소득을 올리는 투기성 거래에 세금을 부과해 빈곤국에 지원하자는 의미에서 로빈후드세라고도 불린다.

2011년 상반기 유럽의회가 금융거래세 도입에 대한 찬반 투표를 실시했는데 찬성이 529명에 달한 가운데 127명이 반대표를 던졌다. 다수의 유럽국이 토빈세 도입을 긍정적으로 보고 있다는 증거다.

금융거래세가 도입되면 유럽연합(EU)의 지출 재원을 마련할 뿐만 아니라 금융시장의 투기까지 잡을 수 있다는 견해를 내놓고 있다. 반면 금융산업이 위축될 수 있어 도입이 쉽지만은 않다. 특히 유럽의 금융허브로 불리는 영국의 반대가 강했다. 한 전문가는 "유럽의 금융거래가 세계 다른 지역보다 비싸면, 금융거래는 해외에서 이루어질 것"이라며 "전 세계적으로 시행되지 않는 제도를 (유럽이 먼저) 도입할 때는 매우 신중해야 하고, 후회할 일도 만들지 말아야 한다"라고 주장했다.

글로벌 금융거래에 세금을 부과하자는 생각은 10년 전부터 반 세계화 운동가를 중심으로 다시 떠올랐다. 이러한 토빈세 방안은 주요 8개국 회의(G8)와 주요 20개국 회의(G20)에서 종종 아젠다에 포함되기도 했지만, 글로벌 차원으로 시행하자는 결론은 한 번도 나지 않았다. 각국의 이해가 첨예하기 때문이다. 미국도 2009년 가을, 금융거래세 도입을 검토했지만, 전 세계적으로 시행되지 않는다면 제도의 효과를 기대하기 어렵다는 결론을 내렸다. 이런저런 갈등 속에 프랑스는 세계에서 처음으로 8월 1일부터 정식으로 금융거래세 징수를 시작했다. 사르코지 대통령에 이어 새로 당선된 올랑드 대통령은 취임하자마자 경선 때 약속한 공약을 하나하나 차례로 실시했는데 금융거래세 도입도 바로 그중 하나였다. 프랑스 정부는 이 정책을 통해 국가의 재정수입을 늘려 경제성장을 실현시킬 수 있길 바라고 있지만 그 효과는 지켜봐야 할 것 같다.

필수경제용어

● G8(group of 8)

G8은 미국, 일본, 영국, 프랑스, 독일, 이탈리아, 캐나다 등 선진 7개국(G7)과 러시아를 가리킨다. 지난 1975년 두 번의 석유위기에 놀라 긴급 소집한 미국, 영국, 프랑스, 독일, 이탈리아, 일본의 6개국 정상회담(G6)으로 시작해 G8으로 발전했다. 이들 국가들의 재무장관과 중앙은행 총재는 1년에 두세 차례씩 회동해 세계경제의 방향과 정책 협조 등을 논의한다. 또 1년에 한 차례씩 각국 대통령과 총리가 참가하는 G8 정상회담도 개최하고 있다. 초기의 경제문제 중심에서 벗어나 정치, 외교 분야까지 협의의 폭을 넓히고 있으나 합의 결과의 구속력이 없어 다소 한계가 있다.

● G20(group of 20)

기존의 G7 선진국 외에 주요 신흥국을 포괄하는 국제 논의체제가 필요하다는 인식이 확산되며 결성됐다. 지난 30년간 신흥개도국들의 세계경제 비중이나 역할은 급격히 확대됐으나 국제 금융체계는 이러한 여건 변화를 반영하지 못했다. 프랑스, 이탈리아 등이 새로운 국제 금융체제를 신설하자고 주장하면서 1999년 9월에 개최된 국제통화기금(IMF) 총회에서 G7과 신흥시장이 참여하는 기구를 만드는 데 합의해 같은 해 12월 창설됐다. 선진 7개국 정상회담(G7)과 유럽연합(EU) 의장국 그리고 신흥시장 12개국 등 세계 주요 20개국을 아우르며 대한민국 역시 포함돼 2010년 서울에서 G20 정상회의를 개최하기도 했다.

08

국제유가 상승이
한국 주유소에 미치는 영향은?

– 국제유가가 경제에 미치는 영향

오늘 주유를 하다가 깜짝 놀랐어. 전에는 8만 원이면 꽉 차던 차가 10만 원을 넣었는데도 조금 모자라더라고.

국제유가가 상승해서 그 여파가 오는 것 같아.

기름은 오르기는 잘 하는데 왜 잘 안 내릴까?

그러게 말이야.

국제유가가 열대 폭풍 아이작의 세력 강화로 인해 생산 차질 우려를 빚으면서 상승했다. 한국석유공사에 따르면 28일(현지시간) 뉴욕상업거래소(NYMEX)의 서부 텍사스산 원유(WTI) 선물유가는 전일대비 배럴당 0.86달러 상승한 96.33달러에 장을 마쳤다. 런던석유거래소(ICE)의 브렌트(Brent) 선물유가는 전일대비 0.32달러 상승한 112.58달러에 마감했다. 두바이(Dubai) 현물유가는 전일대비 1.80달러 하락한 110.02달러에 거래를 마쳤다. 열대성 폭풍 아이작은 멕시코만을 통과해 뉴올리언스로 향하고 있으며 현지시간 28일 저녁 혹은 29일 상륙할 것으로 예상됐다.

글로벌 뉴스에서 빠지지 않는 것이 국제유가에 관련된 기사다. 유가는 석유가 매매되는 가격을 가리킨다. 뉴욕상업거래소(NYMEX)에서 미국 오클라호마 주 쿠싱(cushing)으로 팔려가는 서부텍사스유(WTI)와, 영국 북해에서 생산되는 브렌트유, 중동에서 생산되는 두바이유 등이 함께 세계 3대 유종으로 꼽힌다.

미국 서부 텍사스 지역에서 생산되는 원유인 WTI는 빅3 원유 중 가장 품질이 좋고 거래량이 많아 국제 원유 가격을 결정하는 기준 원유가 되고 있다. 대표적인 경질유(light crude oil)이자 저유황유이며, 미국 국내와 아메리카 지역의 기준 유종이다.

브렌트유는 유럽과 아프리카 지역에서 거래되는 원유 가격을 결정하는 기준 원유다. 서부텍사스유보다는 유황 성분이 많아 보통 2~3달러 낮게 가격이 형성된다. 그러나 두바이유보다는 품질이 뛰어나 2~3달러 정도 비싸다. 거래는 런던의 국제석유거래소(IPE)에서 주로 선물로 거래된다.

우리나라의 경우 원유 수입의 78% 정도를 사우디아라비아, 아랍에미리

트 등 중동산 두바이유에 의존하기 때문에 브렌트유가가 한국 경제에 미치
는 영향은 상대적으로 약하다.

　두바이유는 중동의 아랍에미리트에서 생산되는 원유로, 유황 함량이 많
고 질이 떨어져 브렌트유보다 2~3달러, 서부텍사스유보다 5달러 정도 낮
게 가격이 형성되고 중동권과 싱가포르에서 현물로 거래
되는 것이 특징이다. 사우디아라비아, 쿠웨이트 등 중동
국가의 원유 가격 역시 두바이유의 가격에 따라 움직인다.

　두바이유의 가격이 국내 경제에 미치는 영향은 아주 크
다. 더욱이 중동 지역은 정치 · 외교 · 종교적 갈등으로 인한 분
쟁이 그치지 않아 국제 원유가격에 많은 영향을 미친다. 때문에 2011년 상
반기 중동 정세가 불안해지며 한국 경제도 큰 타격을 입었다.

　국제유가 급등은 선진국 소비자의 구매력을 떨어뜨리고 금리 상승을 촉
발시켜 경기회복을 저해할 것으로 우려하는 전문가들이 많다. 한국 경제
또한 원자재 수입 비중이 높은데다 글로벌 경기 둔화로 수출 규모가 감소
할 가능성이 높은 것으로 전망된다.

　석유수출국기구(OPEC)는 알제리, 앙골라, 에
콰도르, 인도네시아, 이란, 이라크, 쿠웨이트,
리비아, 나이지리아, 카타르, 사우디아라비아,
아랍에미리트, 베네수엘라 등 13국으로 구성돼
있다. 회원국들 전체를 위한 기름 값 안정을 위해 결성됐으며,
사실상 거대한 카르텔을 이루고 있다.

　원유 가격이 결정된 역사를 거슬러 올라가 보면 과거에는 '세븐 시스터
즈' 라고 불리는 세계 7대 석유 메이저 회사와 OPEC이 담합해 가격을 결

정했다. 하지만 산유국들의 유전 국유화로 석유 메이저 회사가 약화됐고, 1970년대에 석유파동이 일어나면서 OPEC의 영향력이 확대, 1980년대에 들어 다시 영향력이 축소됐다.

유가는 석유의 수요와 공급에 의한 현물거래에 따라 결정되기보단 장래의 투자 의향이 담긴 선물 거래 성격을 많이 띠게 됐다. 원유 시장에 영향력을 끼치고 있는 투기세력 중 큰 손으로 꼽히는 것이 오일머니다. 즉 산유국들의 석유 수출을 통해 벌어들인 돈을 다시 시장에 투입하면서 유가를 올리는 작업을 하는 상황이 벌어지고 있는 것이다.

석유의 가격은 세계 경제상황의 영향을 많이 받으며 또 세계경제에 많은 영향을 끼치는 만큼 지속적으로 주의 깊게 살펴볼 필요가 있다.

필수경제용어

● **뉴욕상업거래소(NYMEX, new york mercantile exchange)**

1872년 버터와 치즈를 거래하기 위해 처음 설립된 뉴욕상업거래소는 이후 두 번에 걸쳐 명칭이 변경됐고, 1882년에 현재의 명칭으로 이름을 바꿨다. 뉴욕상업거래소는 1978년 난방유선물을 상장해 성공함으로써 에너지 분야의 선물 거래에 발판을 마련했다. 1981년에는 휘발유선물을, 1983년에는 원유선물을 각각 상장해 현재는 거래소 전체 거래량의 90%가 원유와 석유제품 선물이다. 원유선물은 세계 상품선물 중 1위의 거래량을 기록함으로써 원유선물거래 시장으로서 부동의 위치를 확보했다. 뉴욕상업거래소는 1990년도 거래량을 기준으로 시카고상품거래소(CBOT), 시카고상업거래소(CME)에 이어 세계 3위의 선물거래소로 자리 잡았다.